Götz W. Werner

Ein Grund für die Zukunft: das Grundeinkommen

GÖTZ W. WERNER

Ein Grund für die Zukunft: das Grundeinkommen

Interviews und Reaktionen

Verlag Freies Geistesleben

Götz W. Werner, geb. 1944 in Heidelberg, machte nach der mittleren Reife in Konstanz eine Lehre zum Drogisten. 1973 gründete er seinen ersten Laden in Karlsruhe. Heute umfasst seine Drogeriemarktkette dm europaweit rund 1500 Filialen, in denen 21.000 Mitarbeiter 3,1 Milliarden Euro Umsatz erwirtschaften. Bei seiner Unternehmensführung stellt er den Menschen in den Mittelpunkt. Er ist Vorsitzender der dm-Geschäftsführung und leitet zudem als Professor das *Interfakultative Institut für Entrepreneurship* der Universität Karlsruhe (TH).

ISBN 978-3-7725-1789-1

5. Auflage 2007

Verlag Freies Geistesleben
Landhausstraße 82, 70190 Stuttgart
Internet: www.geistesleben.com

Fotos: Charlotte Fischer S. 48, 93; Florian Jaenicke S. 22;
Wolfgang Schmidt S. 26, 36, 47, 79, 85, 90
Einband: Thomas Neuerer unter Verwendung eines Fotos
von Fyodor Savintsev (ITAR-TASS / © picture alliance/dpa)
Druck: Clausen & Bosse, Leck

INHALT

STEHEN WIR AN EINEM WENDEPUNKT? ZUM GELEIT

Über Jahrtausende wurde die Grundversorgung großer und kleiner Menschengemeinschaften durch Sklaven bewerkstelligt. Nach und nach wurden einzelne Aufgaben von Freien besorgt – gegen Bezahlung. Durch bezahlte Arbeit war einer in der Lage, sich und seine Familie mehr oder weniger zu ernähren. Mit der systematischen Arbeitsteilung und industriellen Anfertigung wurde die Produktivität zu ungeahnter Höhe gesteigert. Arbeit von Menschenhand wird durch den erfinderischen Geist in immer größerem Umfang gespart. Es gibt viele Arbeiten, die nie mehr in dem Umfang von Menschen bewältigt werden müssen wie früher. Schon seit vielen Jahren machen die Weitsichtigen unter den Wirtschaftswissenschaftlern und Soziologen darauf aufmerksam, dass eine Vollbeschäftigung im Sinne von bezahlter Arbeit für alle Arbeitsfähigen nicht mehr gewährleistet werden kann. Nur in der Politik der Parteien wird dies nicht, zumindest nicht offen und mit Konsequenzen für die Gestaltung des gesellschaftlichen Lebens, zur Kenntnis genommen. Denn spätestens mit der Einsicht, dass eine Vollbeschäftigung aller arbeitsfähigen Menschen zu der Vergangenheit moderner Industriestaaten gehört, müsste überlegt werden, wie das Verhältnis zwischen Arbeit und Einkommen neu zu ordnen wäre.

Im Dezember 2004 sprach sich der Unternehmensgründer von dm-drogerie markt Götz Werner öffentlich in dem Lebensmagazin *a tempo* für die Einführung eines bedingungslosen Grundeinkommens für jeden aus. Im April 2005 erschien in dem Wirtschaftsmagazin der unternehmerischen Avantgarde *brand eins* ein ausführliches Interview mit Götz Werner über die Idee des Grundeinkommens, worauf in den folgenden Monaten auch in anderen führenden Zeitschriften und Zeitungen verschiedene Interviews erschienen, unter anderem auch im *Stern*.

Mit der Einführung eines bedingungslosen Grundeinkommens für jeden Bürger könnte Deutschland eine Pionierrolle in der Welt übernehmen.

Noch stehen wir nicht am gesellschaftlichen und historischen Wendepunkt. Aber wenn immer mehr Menschen sich für die Idee des Grundeinkommens einsetzen, rücken wir dem Wendepunkt etwas näher.

Stuttgart, im Juli 2006 *Jean-Claude Lin, Verleger*

INTERVIEWS UND TEXTE
VON UND MIT GÖTZ W. WERNER

EIN GRUND FÜR DIE ZUKUNFT: DAS GRUNDEINKOMMEN

Hat es unsere Gesellschaft nötig, auch nur einen einzigen Bürger durch das soziale Netz fallen zu lassen? Unsere Produktivität steigt ständig, nur nehmen wir das schon nicht mehr wahr. Durch unser System der mit hohen Steuern und Abgaben belegten Erwerbsarbeit wird den Unternehmen die Arbeit zu teuer. Deshalb rationalisieren sie, verlagern dabei Arbeitsplätze ins Ausland. Doch erhalten auch Erwerbslose ein Einkommen – finanziert durch Steuern, Abgaben und Lohnnebenkosten. Alle verlieren dabei – Einkommen und soziale Basisleistungen werden für den Einzelnen immer kleiner.

Ein bedingungsloses Grundeinkommen, bei dem die heute bestehenden sozialen Transfersysteme zusammengelegt werden, kann das ändern. Dann kann jeder, frei von grundlegenden Existenzsorgen, als freier Bürger tätig werden und die Arbeit erledigen, die ihm zugleich sinnvoll erscheint. Arbeit als ein Füreinander-Leisten in sozialer Sicherheit, in Würde und nach eigener Wahl. Automation wird segensreich, denn durch den Wegfall von Arbeiten, die auch programmierbare Automaten leisten können, entsteht keine neue Arbeitslosigkeit. Das Grundeinkommen schafft vielmehr Freiraum: Viele gemeinwirtschaftliche und kulturelle Arbeitsaufgaben sind finanzierbar. Viele neue Initiativen werden entstehen. Viele Menschen werden den Sinn in ihrer Arbeit wieder entdecken. Denn niemandem ist verwehrt, über das bedingungslose Grundeinkommen hinaus tätig zu werden und weiteres Einkommen zu erzielen – nur der Zwang fällt weg.

Ein transparentes Steuerwesen kann das bedingungslose Grundeinkommen tragen, das an alle Bundesbürger ausbezahlt wird. Grundlage ist die schrittweise Umgestaltung unseres Steuerwesens in Richtung Verbrauchssteuern. Die Vorteile: Wer weniger verbraucht, zahlt auch weniger Steuern, wer mehr verbraucht, höhere und mehr. Der Bürger muss keine Steuererklärung mehr ausfüllen. Bezahlt wird, wo konsumiert, wo verbraucht wird. Die Besteuerung wird wettbewerbsneutral. – Der Wirtschaftsstandort Deutschland wird gestärkt, weil er Kapital ins Land zieht. Die Beschäftigung im Inland wird gesichert.

Ein Teil der heute mehr als 720 Milliarden Euro an Sozialausgaben in Deutschland kann schon durch den Wegfall der Verteilungsbürokratie eingespart werden. Das Wichtigste aber ist, dass damit ein leistungsfähiges Gemeinwesen für alle Bürger entsteht, in dem es keine Verlierer mehr gibt. Dafür wird es freie und selbst bestimmte Menschen geben, die Arbeit nicht mehr als Last, sondern als Chance verstehen.

Das bedingungslose Grundeinkommen wird Deutschland verändern.
Denken Sie mit uns darüber nach? ■

www.unternimm-die-zukunft.de
Initiator: Prof. Götz W. Werner
Interfakultatives Institut für Entrepreneurship
Universität Karlsruhe (TH)

Anzeigentext in überregionalen deutschen Zeitungen, November 2005.

IMMER AM SÄEN

Götz W. Werner im Gespräch mit Frank Berger und Jean-Claude Lin. Interview in *a tempo*

Herr Werner, bei Ihrer Antrittsvorlesung im Mai als neuer Lehrstuhlinhaber für Entrepreneurship an der Universität Karlsruhe haben Sie die Kardinalfrage eines Unternehmers formuliert. Er müsse sich fragen: «Womit kann ich dienen?» Ist das heute nicht eine sehr idealistische Auffassung?
Götz W. Werner: Im Gegenteil, es ist das Faktum. Jedes erfolgreiche Unternehmen, das bestehen will, generiert Leistung, sonst findet es keine Kunden, und wenn es keine Kunden findet, dann hat es seinen Sinn verloren und wird keinen Erfolg haben. Es geht immer darum, sich zu fragen: Was brauchen Kunden und was können wir tun, um den Kunden ein entsprechendes Angebot zu geben? Das ist die Grundlage jedes Unternehmens, daraus kommt seine Existenzberechtigung.

Sie definieren Leistung mit einer besonderen Nuance, mit «dienen». Dienen ist mehr als Leisten.
Dienen drückt aus, dass das Leisten kein Selbstzweck ist, sondern einem anderen dient. Man muss sich im Unternehmen, in dieser Arbeitsgemeinschaft, immer klarmachen, für wen diese Leistung eigentlich ist. Die Arbeitsziele, die man hat, müssen von den Bedürfnissen der Kunden abgeleitet werden. Das darf allerdings nicht mit Gewinnzielen verwechselt werden. Gewinn kann nie ein Ziel sein, Gewinn ist eine Bedingung. Dass ein Unternehmen

finanziellen Gewinn macht, ist eine Lebensnotwendigkeit, so wie wir Luft zum Atmen brauchen. Ohne diese Grundbedingung, Überschuss zu erwirtschaften, kann es seine Leistung gar nicht wiederholen und auf Dauer auch nicht «zu Diensten» sein.

Ihr Vorgänger auf dem Lehrstuhl für Entrepreneurship, Reinhold Würth, hat sich gegen die hiesige pessimistische Stimmung gewandt und darauf hingewiesen, dass Deutschland Exportweltmeister ist. Wie schätzen Sie die Situation ein?
Keine Generation hat seit den vergangenen Jahrhunderten so gut gelebt wie unsere. Noch nie konnten wir so viele Güter und Dienstleistungen hervorbringen, dass wir von der «Überflussgesellschaft» reden. Eine andere Frage ist, wie wir darüber denken und uns dazu stellen. Es hat sich auch eine Anspruchsinflation in den letzten Jahrzehnten entwickelt. Darum stellt sich für jeden Einzelnen die Frage: Wie kann ich meine Lebensverhältnisse in ein Verhältnis zu dem bringen, was die Umwelt mir gibt? Dass da z.T. auch pessimistische Stimmungen entstehen, ist individuell und drückt sich dann in der allgemeinen Stimmungslage aus. Die andere Frage, die politische, ist, wie wir in die Lage kommen, dass die Menschen über ein Einkommen verfügen.

Man sieht in Ihrer Branche, dass bei Ihren Mitbewerbern eine rückläufige Entwicklung eingetreten ist. Sie haben jedoch Zuwächse. Was machen Sie anders, gerade in einer solchen Phase?
Es kommt beim Unternehmenswachstum darauf an, dass man zu einer Ausgewogenheit kommt zwischen dem, wie man wächst und wie sich der Zuspruch der Kunden entwickelt. Auch wir haben unter unseren über 700 Filialen solche, die rückläufig sind. Das ist ganz normal. Die Frage ist nur, ob man das Wachsen und Schrumpfen in eine Ausgewogenheit bringt. Leider wird oft nur das Managen von Wachstum gelehrt, das Schrumpfen wird mehr

als «Unfall» betrachtet. Nach dem 2. Weltkrieg hatten wir zuerst ein Wiederaufbaumanagement. Dann kam das Wachstumsmanagement, die Expansion in den 60er- und 70er-Jahren. Dann begann eine Phase des Regenerationsmanagements. Da ging es weniger um Wachsen als darum, das Bestehende zu erneuern. Wir betreiben heute immer noch Wachstumsmanagement, bei vielen Firmenkrisen kann man sehen, dass dort eigentlich das Wachstum zu sehr betont wurde und die Regeneration zu kurz kam. Im Moment sind wir – und das hängt in erster Linie mit der demographischen Entwicklung zusammen – in einer neuen Phase des Managements, das Redimensionierungsmanagement.

Wenn in Deutschland in vielen Unternehmen redimensioniert wird, werden viele Menschen arbeitslos werden. Wo führt das hin?
Um das Äußerliche mache ich mir keine Sorgen. Dass Arbeitsplätze wegfallen werden, liegt daran, dass wir so einen enormen Produktivitätsfortschritt haben. Es wird ja nicht weniger produziert, sondern wir haben eine enorme Produktivitätssteigerung. Jetzt muss man aber fragen: Von was leben denn die Menschen? Leben sie von der Arbeit oder von den Gütern? Wenn es um ihre Lebensmöglichkeiten geht, haben wir einen Überfluss. Die Frage ist nur: Wie schaffen wir es, dass die Menschen auch zu Einkommen kommen? Wenn sie den Verlust ihres Arbeitsplatzes beklagen, dann beklagen sie in erster Linie den Verlust der Einkommensgewinnung. Das ist die zweite Aufgabe der Wirtschaft. Die eine ist, die Menschen mit Gütern und Dienstleistungen zu versorgen, die andere, sie mit Einkommen zu versorgen.

Gerade im Produktionsbereich wird aber heute ins Ausland verlagert.
Das ist eigentlich eine positive Sache. Indem wir Arbeitsplätze im Produktionsbereich auslagern, geben wir anderen Menschen

Einkommen. Das erlebt man ja nur negativ, wenn man es auf Deutschland oder auf den Staat begrenzt sieht. Wird etwas woanders produziert, geht es den Menschen dort besser. Wir müssen uns in der Arbeit andere Ziele suchen. Die Frage: «Was arbeite ich, wo kann ich meine Fähigkeiten einbringen?» ist zu trennen von der Tatsache: «Was bekomme ich für ein Einkommen?» Das Problem ist die Verkoppelung von Arbeit und Einkommen. Dass wir mehr als fünf Millionen Arbeitslose haben, heißt ja nicht, dass die nicht arbeiten würden. Denken Sie an die großen Bereiche ehrenamtlicher Tätigkeit, an die enormen Dienstleistungen, die heute erbracht werden an anderen Menschen – was es da noch an freier Arbeit gibt, die nicht befriedigt wird! Es kann sein, dass jemand, der arbeitslos geworden ist und vorher irgendwo in der Produktion tätig war, in einer anderen Tätigkeit viel segensreicher tätig ist und auch viel mehr Sinnerfüllung findet. Wir haben das nur noch nicht politisch bewältigt. Das ist eine große Herausforderung für die Sozialwissenschaft und für die Politik.

Stichwort Hartz IV: geht die Reform in eine solche Richtung?
Ich denke nicht. Es muss ein Paradigmenwechsel stattfinden und wirklich umgedacht werden. Hartz IV versucht in den Bahnen des bestehenden Paradigmas die Probleme zu lindern. Das ist eine symptomatische Behandlung, keine ursächliche. Was kommen muss, ist eine andere Art von Besteuerung; wir dürfen nicht unsere Einkommen besteuern, sondern den Konsum: Er ist Ausdruck unserer Leistungsfähigkeit. Wir müssen den Menschen ein Grundeinkommen, ein Bürgereinkommen geben, sodass sie eigentlich nicht mehr darauf angewiesen sind, arbeiten zu müssen, sondern dann arbeiten können mit dem, was sie als sinnvoll erachten. Wir praktizieren das bereits in manchen Bereichen, die Rentner z.B. beziehen im Grunde Arbeitsloseneinkommen. Darüber wird schon lange nachgedacht, aber es braucht seine Zeit. Doch

Entwicklung ist diskontinuierlich, es kann plötzlich sehr schnell gehen. Der Mensch lernt durch Einsicht oder Katastrophen, und Einsichten und Katastrophen kommen auch plötzlich.

Da sagt natürlich der Staat, das ist nicht mehr zu finanzieren. Woraus müssten diese Grundeinkommen finanziert werden?
Das Problem ist, dass man die Frage primär durch den «Geldschleier» sieht. Aber das verfügbare Geld orientiert sich an dem, was produziert wird. Als Rentner hätte ich keine Sorgen um mein Leben in der Zukunft, weil dermaßen viele Güter und Dienstleistungen da sind. Es ist nur die Frage: Wie habe ich Zugang dazu? Die Menschen leben von Gütern und Dienstleistungen, nicht von Geld. Das ist der Denkfehler, der fatale Folgen hat. Man denkt, man lebt von seiner Rente; man meint, man lebt von seinem Einkommen. Aber ich habe noch keinen gesehen, der nicht, um leben zu können, die Leistung anderer bräuchte.

Eine letzte Frage: Worauf freuen Sie sich insbesondere, wenn Sie auf das neue Jahr blicken, im Hinblick auf Ihr Unternehmen?
Ich möchte das mit einem Bild deutlich machen. Wenn man stark in einer Gestaltungsaufgabe lebt, ist man immer am Säen. Und wenn man sät, sieht man noch nichts. Man freut sich permanent darauf, dass die Saat aufgeht. Konkret: wenn ein neuer Laden aufmacht. So gibt es viele Samen. Man muss viel säen, um etwas ernten zu können. Und hofft, dass inzwischen möglichst wenige Vögel die Samen wegpicken! Ich freue mich auf vieles, was veranlagt ist für die Zukunft. Denn das Unternehmerische besteht darin, dass man permanent Zukunft gestaltet. Jeder Mensch gestaltet in seinen Aktivitäten permanent Zukunft. Die Zukunft kommt nicht auf uns zu wie eine Großwetterlage, sie wird von uns gestaltet. ■

---

a tempo. *Das Lebensmagazin*, nr. 60, dezember 2004.

RADIKALREFORM STATT BANALREFORMEN

von Götz W. Werner

Das Dilemma

Einerseits steigern wir ständig die Produktivität unserer Wirtschaft, andererseits ist die Folge davon, dass immer mehr Menschen, die vorwiegend durch Handarbeit, ob in der Landwirtschaft oder in der Industrie, zur volkswirtschaftlichen Leistung beitragen, arbeitslos werden. Dieses Dilemma besteht für mich – als Unternehmer – nur scheinbar. Es wird aber so lange eines bleiben, wie das Einkommen an die Arbeit gekoppelt ist. Dass dieses Prinzip nicht aufrechterhalten werden kann, davon sprach schon der vor kurzem verstorbene Peter Glotz. Er meinte gar, das Gerede von Vollbeschäftigung sei in Wirklichkeit ein Schweigegelübde des Establishments.

Tatsächlich leben heute in Deutschland bereits 15 Millionen Menschen von Erbschaften, Sozial- und Arbeitslosenhilfe, Schwarzarbeit oder von Zuwendungen Dritter. Jedenfalls nicht mehr durch die eigene Arbeitsleistung oder die eines Familienmitglieds.

Der Weg aus der Krise ist deshalb der Weg aus dem scheinbaren Dilemma – und nur zu gehen, indem wir Arbeit und Einkommen entkoppeln. Und das muss mit der Einführung eines bedingungslosen Grundeinkommens verbunden sein.

Was bringt ein solches «bedingungsloses Grundeinkommen»?

Die Nettopreise sinken, da die Löhne und Gehälter teilweise durch das Grundeinkommen ersetzt werden. Da die gesunkenen Löhne und Gehälter kompensiert werden, bleibt aber die Kaufkraft des Einzelnen erhalten. Zweitens kann der Staat die heute bereits bestehenden Transferleistungen und sonstige Zahlungen an die Bürger einstellen. Zuschüsse an die Rentenkassen, Kapitaltransfer zwischen Arbeitsagentur und Krankenkassen, Kinder- und Wohngeld, Fahrtkostenzuschüsse und sonstige Subventionen fallen weg. Und drittens werden Produkte, die für den Export bestimmt sind und derzeit durch die Ertrags- und Einkommenssteuern belastet werden, wesentlich billiger.

Mit der Einführung eines bedingungslosen Grundeinkommens muss ergo eine radikale Steuerreform einhergehen. Deutschland braucht als Exportweltmeister und als postagrarische wie postindustrielle Gesellschaft in einer zunehmend grenzenlosen Weltwirtschaft eine Umstrukturierung des Steuersystems von der Ertragsbesteuerung auf eine den Verbrauch im Inland treffende Besteuerung des Realeinkommens – das heißt, nicht die erbrachte Leistung soll versteuert werden, sondern der Konsum. Diese Konsumbesteuerung bedeutet eine schrittweise Anhebung der Mehrwertsteuer bei gleichzeitiger und paralleler Senkung der Unternehmenssteuern.

Alle diejenigen, die darin einen Vorschlag zur Erhöhung der Unternehmergewinne vermuten, seien daran erinnert, dass sowieso alle Steuern in die so genannten Endverbraucherpreise mit einbezogen werden. Das heißt: Hohe Steuern bezahlt der Konsument auch heute schon mit höheren Preisen. Misstrauen dient der Sache also nicht.

In diesem Misstrauen spiegelt sich meines Erachtens ein

negatives Menschenbild – und das scheint mir derzeit das Hauptproblem zu sein, das eine radikale Reform des Steuersystems verhindert. Während man davon ausgehen kann, dass die Entscheidungsträger von den bestehenden Strukturen profitieren, scheinen die Entscheidungsträger selbst davon auszugehen, dass ein bedingungsloses Grundeinkommen die Arbeits- und Leistungsbereitschaft der Menschen erlahmen lässt.

Zukunft der Arbeit

Ich gehe aber davon aus, dass ein Grundeinkommen dazu führt, dass sich die Bürger keinen Einkommensplatz mehr suchen müssen, bei dem sie Aufgaben bewältigen, die ihren tatsächlichen Fertigkeiten und Fähigkeiten gar nicht entsprechen, sondern dass sie einen Arbeitsplatz suchen können, bei dem sie die Möglichkeit finden, ihre tatsächlichen persönlichen Potenziale zur Entfaltung zu bringen. Das hätte zur Konsequenz, dass zunehmend nur noch Arbeitsplätze gesucht würden, die man als sinnvoll akzeptiert, weil sie erstens der eigenen Intention entsprechen und weil diese Arbeitsplätze zweitens den allgemeinen moralischen Anforderungen an einen Arbeitsplatz entsprächen. Es würde aber auch ein enormes Potenzial entstehen für dann bezahlbare Arbeit am und für die Menschen, ob es sich dabei um Pflegedienste für Ältere und Kranke, um Bildungsaufgaben oder um Aufgaben im Kulturleben handelt.

Und nicht zuletzt erwarte ich als Unternehmer eine deutliche Stimulierung von Selbstorganisation und Selbstverantwortung. Es fände keine staatliche Subventionierung von «Ich-AGs» statt, sondern es würden unternehmerische Initiativen ermöglicht, weil der Staat den Bürgern die Freiräume schaffen würde, sich selbst zu unternehmen. Es ist doch eine objektive Tatsache, dass jegliche unter dem Prinzip der Arbeitsteiligkeit geleistete Arbeit eine Leistung ist, die man nicht für sich erbringt, wie es der Begriff der Ich-AG suggeriert, sondern dass diese Leistung für andere erbracht wird. Somit beruht Wirtschaft auf einem ständigen Wechselprozess füreinander erbrachter Leistungen, also auf einem umfassenden, gegenseitigen Füreinander-Leisten. Da Volkswirtschaft ein organisiertes Füreinander-Leisten ist, muss die Einkommens-, Sozial- und Steuerpolitik genauso ausgerichtet sein, dass sie dieses Organisieren bestmöglich begünstigt. Ich meine, dass dies nur dann möglich ist, wenn wir durch garantierte Grundeinkommen diese Freiräume eröffnen, wenn wir den Menschen zutrauen, dass sie gescheit und verantwortungswillig ihren Beitrag leisten wollen, und wenn wir akzeptieren, dass unsere deutsche Volkswirtschaft mit ihren modernen Produktionsmethoden in der Lage ist, ausreichende Einkommen für alle Bürger zu erwirtschaften, und alle Menschen in Deutschland behaglich und sicher leben können. Und dies, ohne die fragwürdige Pflicht zur Arbeit und ohne die vermeintliche Schande, arbeitslos zu sein. ■

---

a tempo. *Das Lebensmagazin*, nr. 71, november 2005.

WIR LEBEN IN PARADIESISCHEN ZUSTÄNDEN

Götz W. Werner im Gespräch mit Gabriele Fischer. Interview im Wirtschaftsmagazin *brand eins*

Nie zuvor in der Geschichte waren die Menschen so gut mit Gütern und Dienstleistungen versorgt wie heute. Die Herausforderung ist: daraus etwas zu machen.

brand eins: Mit der Arbeitslosigkeit steigt die Hilflosigkeit. Sie haben eine Vision, wonach sich die Probleme mit einer Kopplung aus Grundeinkommen und Konsumsteuer lösen ließen ...

Götz W. Werner: Das ist das Ergebnis meiner Überlegungen – der Ausgangspunkt ist ein anderer: Wenn man über Wirtschaft spricht, muss man zwischen gesamt- und einzelwirtschaftlichen Aspekten, zwischen Volks- und Betriebswirtschaft unterscheiden. Das wird leider gern versäumt. Unter gesamtwirtschaftlichen Gesichtspunkten geht es um das Gemeinwohl. Unter einzelwirtschaftlichen Aspekten müssen wir das Wohl eines Unternehmens, einer Arbeitsgemeinschaft im Auge haben. Da liegen die Probleme dann oft anders.

Einverstanden.

Noch grundsätzlicher gedacht, hat die Wirtschaft zwei Aufgaben. Die eine, die betriebswirtschaftliche Aufgabe, ist es, die Menschen mit konsumfähigen Dienstleistungen und Gütern zu versorgen – das gelang noch nie so gut wie heute, zumindest in den entwickelten Volkswirtschaften. Wir leben heute in einem Einkaufs-

paradies, das heißt, unsere Fähigkeit, Güter und Dienstleistungen hervorzubringen, ist größer als die Bedürfnisse der Menschen. Die andere, die gesamtwirtschaftliche Aufgabe ist, die Menschen mit Einkommen zu versorgen.

Damit sie diese Güter auch konsumieren können?

Ja, sonst funktioniert Wirtschaft nicht. Nehmen wir einmal an, dass wir beide, weil wir so clever sind, die ganze Güterversorgung durch vollautomatische Fabriken sicherstellen könnten. Alles ist automatisiert, kein Mensch müsste mehr für die Herstellung dieser Güter arbeiten. Was müssten wir dann tun? Wir müssten die Menschen mit Geld versorgen oder mit Bezugsberechtigungen – Geld ist ja nichts anderes –, damit uns die Menschen all unsere Produkte aus den vollautomatischen Fabriken abkaufen können. Und auch wenn eine solche Fabrik noch Utopie ist – genau dort steuern wir hin: Die Produktivitätsentwicklung hat die Bedürfnisentwicklung längst überholt, wir haben gesättigte Märkte, und wir brauchen immer weniger Menschen, um dieses Übermaß an Gütern zu produzieren. Jetzt ist der Moment gekommen, in dem wir uns vom Zwang zur Arbeit befreien können.

Das könnte für viele, die gegen ihren Willen von der Arbeit befreit worden sind, zynisch klingen.

Weil wir immer noch in den alten Paradigmen festhängen: «Wer nicht arbeitet, soll auch nicht essen.» Das steckt tief drin, das ist ein altes puritanisches Paradigma. Aber wenn wir genau hinsehen, haben wir uns längst davon verabschiedet. Die ganze Altersversorgung hebt darauf ab, dass die Menschen im Alter einen Anspruch haben, von der Gesellschaft versorgt zu werden. Wir zahlen Kindergeld, weil auch Minderjährige mit entsprechenden Gütern und Dienstleistungen versorgt werden sollen. Ein Teil der

Bevölkerung wird über die finanzielle Arbeitslosenunterstützung und Sozialhilfe versorgt, ein anderer Teil muss nicht arbeiten, weil er von den geldlichen Früchten eines Vermögens lebt …

Konkret stehen 26,5 Millionen regulär Beschäftigten 20 Millionen Rentner, 5 Millionen Arbeitslose und 2 Millionen Bezieher von Sozialhilfe oder Arbeitslosengeld II gegenüber. Die Bezieher von Kindergeld oder Bafög sind da noch nicht mitgerechnet.

Und doch ist in unseren Köpfen noch immer verkoppelt, dass Einkommen aus Arbeit resultiert. Genau das müssen wir trennen: Das eine ist das Einkommen – und das andere ist, dass jemand unter uns lebt, der seine Talente, seine Fähigkeiten einbringt, um für andere zu arbeiten.

Oder für sich?

Das ist das zweite Paradigma, von dem wir uns lösen müssen: der Irrglaube, man arbeite für sich und lebe von seinem geldlichen Einkommen. Zum einen entsteht das Einkommen nicht durch meine Arbeit, sondern dadurch, dass andere eine Leistung für die Gemeinschaft durch ihre Gegenleistung – vorübergehend durch das dazwischentretende Geld – honorieren, sei es bei brand eins, dm oder anderswo. Zum anderen kann ich von meinem Einkommen nicht leben – es sei denn, ich esse Euro-Scheine oder Kreditkarten. Ich bin darauf angewiesen, dass andere für mich arbeiten und konsumfähige Güter und Dienstleistungen herstellen, so dass ich Brot, Milch, Eier, Zucker oder Käse kaufen kann.

Ist das nicht einfach nur eine andere Definition?

O nein – was passiert, wenn eine Gemeinschaft nicht verstanden hat, dass es ihr besser geht, je mehr Menschen für andere tätig sind, haben wir wunderbar in der ehemaligen DDR beobachten können: Dort hatten die Menschen zwar Geld – aber es hat niemand für sie geleistet; deshalb waren die Läden leer. Erstaunlich, dass das den Leuten nicht aufgefallen ist, dass man von seinem Geld nicht leben kann, wenn niemand da ist, der die Regale füllt.

Nun sind die Regale voll, aber es fehlt das Geld.

Das Geld ist nicht das Problem – das Problem ist, dass wir Geld, also Einkommen, immer mit Arbeit koppeln. Die alten Griechen waren da weiter: Ein normaler Grieche hat nicht gearbeitet – dafür hatte er seine Sklaven. Und unsere Sklaven sind die Methoden und Maschinen, die es uns erlauben, immer mehr Güter herzustellen mit immer weniger Arbeit. Wenn aber die Menschen nicht mehr arbeiten müssen, weil Methoden und Maschinen das zu einem immer größeren Teil erledigen – dann müssen wir sie eben mit Einkommen versorgen.

Nicht wer arbeitet, bekommt ein Einkommen, sondern wer anwesend ist: die alte Idee des Grundeinkommens.

Die Idee mag alt sein – aber erst heute sind wir in der Lage, sie umzusetzen. Erst heute haben wir solch paradiesische Zustände, dass die Wirtschaft mehr produzieren kann, als gebraucht wird. Noch vor dreißig, vierzig Jahren konnte sie das nicht: Warum haben wir Gastarbeiter ins Land geholt? Warum haben wir klaglos auf einen VW Käfer zwölf Monate gewartet? Hätte beispielsweise die Wiedervereinigung nicht erst 1990, sondern schon 1970 stattgefunden – unter den gleichen Rahmenbedingungen, aber mit den produktiven Fähigkeiten der siebziger Jahre –, dann hätten wir rationieren müssen. Dann hätten wir nicht aus dem Stand 17 Millionen Menschen versorgen können. Dann hätten wir massiven Mangel erleben müssen.

Auch wenn die Voraussetzungen nie besser waren – die entscheidende Grundeinkommensfrage bleibt: Wer ist berechtigt?

Jeder, den ich sozusagen in meine Obhut nehme – ob als Familie, Kommune, Land oder Nationalstaat. Jeder, für den ich mich verantwortlich fühle.

Wer ist ich? Der Staat?

In diesem Fall ist es eine Gemeinschaft. Welche, kann ich willkürlich festlegen, wobei ich immer für das Subsidiaritätsprinzip eingetreten bin – also dafür, Verantwortung so weit als möglich in der jeweils kleineren Handlungseinheit zu belassen. Aber die Gemeinschaft könnte auch die Europäische Union sein. Oder die ganze Welt – das wäre der Idealfall.

Für den Anfang vielleicht ein wenig zu ambitioniert.
Natürlich. Aber wenn man es zu Ende denkt, könnte eine solche Globalisierung im Geiste der anzustrebende Fall sein: dass ich mich für den Ägypter so verantwortlich fühle wie für mein drittgeborenes Kind. So kann man Wirtschaft auch definieren: Sie hat die Aufgabe, den Mangel gerecht zu verteilen – in diesem Fall den weltweiten Mangel. Und wir dürfen nicht vergessen, dass wir hier in Europa klimatisch die besten Bedingungen haben, also produktiver sein können.

Bleiben wir erst einmal in Deutschland: Wie soll das gehen mit dem Grundeinkommen?
Wir trennen Arbeit und Einkommen. Tatsächlich haben wir nur deshalb Arbeitslosigkeit, weil wir sagen: Wer nicht arbeitet, liegt dem anderen auf der Tasche. Hätten wir diese Vorstellung nicht, könnten wir sagen: Wir haben so und so viele Menschen und so und so viele Güter – und weil wir so und so viele Güter haben, können wir so und so viel Geld drucken und an die Menschen verteilen. Dann hat jeder sein Grundeinkommen.

So viel zur Theorie. Und wo soll das Geld herkommen?
Nun kommen wir zur Steuerfrage. Das ist jetzt ein ganz neues Thema, aber beide Seiten hängen an ein und demselben Paradigma: Wer arbeitet, der hat Einkommen, und wer Einkommen hat, der kann leben – und deshalb koppeln wir die Steuerbemessungsgrundlage an das Einkommen.

Dass das kein sinnvolles Prinzip ist, hat sich immerhin herumgesprochen: Deshalb haben die Steuereintreiber nun vermehrt Erbschaften und Vermögen im Visier.
Das ist keine neue Idee: Vor ein paar hundert Jahren, als es noch Leibeigene gab und das Einkommen kein Thema war, gab es

zum Beispiel Dach- und Fenstersteuern – im Grunde eine Art Vermögenssteuer. Denn wer reich war und viele Fenster hatte und ein hohes Dach, der zahlte mehr Steuern als einer mit einer kleinen Hütte. Später, als es Einkommen gab, wurde das Prinzip übernommen: Wer mehr Einkommen hatte, zahlte mehr als der, der weniger Einkommen hatte. Aber das war noch zu einer Zeit, in der jeder einzelwirtschaftlich gearbeitet hat – nicht wie heute gesamtwirtschaftlich, also mit nahezu hundertprozentiger Arbeitsteilung.

Was ändert das?

Der Beitrag des Einzelnen zählt nur im Zusammenspiel mit anderen. Je mehr ich als Einzelner leiste, je mehr ich mit meinen Talenten wuchere, desto höher ist der Ertrag für die Gemeinschaft. Und deshalb ist es fatal, dass wir ein Steuersystem haben, das sagt: Je mehr du durch deine Leistung beiträgst, desto mehr Steuern musst du bezahlen, und zwar progressiv. Unterm Strich bedeutet das: Wer den Willen hat, mehr für die Gemeinschaft beizutragen, der wird eingebremst.

Das ist unerfreulich – aber auch Grundeinkommen kosten viel Geld. Woher nehmen?

Gehen wir auf die andere Seite, zum Konsum. Die Tatsache, dass Menschen konsumieren, führt zu jenen infrastrukturellen Notwendigkeiten, die eine Gemeinschaft finanzieren muss. Im Grunde hat die Steuer die Aufgabe, das Wertschöpfungsergebnis aufzuteilen – in jenen Teil, über den man privat verfügen kann, und in einen anderen, über den die Gemeinschaft verfügt, um das Gemeinsame zu organisieren. Oder anders gesagt: Der Einzelne muss zurücktreten von seinem persönlichen Konsum, damit die öffentliche Hand konsumieren kann. Das Interessante ist: Während wir auf der Steuerseite bei Mehrleistung Progression erleben – erleben wir auf der Konsumseite bei Mehrverbrauch Degression. Im Dutzend billiger, das kennen wir alle.

Vielleicht ein kleiner Ausgleich?

Eine schlichte Fehlsteuerung. Denn tatsächlich müsste es so sein, dass der Beitrag überhaupt nicht besteuert wird – und dass die Entnahme aus der gesellschaftlichen Wertschöpfung progressiv besteuert wird. Das heißt, immer dann, wenn jemand meint, er müsste in einem erhöhten Umfang Güter und Leistungen in Anspruch nehmen, dann muss er mehr bezahlen. Auch das ist kein neuer Gedanke: Wir haben längst Konsumsteuern. Aber das alles ist noch nicht so recht ins Bewusstsein gedrungen – und wir denken es nicht zu Ende: Wir sollten unser Steuersystem so weiterentwickeln, dass nur noch der Konsum besteuert wird, nicht mehr der Beitrag. Wer viel konsumiert, zahlt viel Steuern, wer sparsam lebt, zahlt wenig Steuern. Denn er benutzt auch weniger die Straße, die Flugplätze, verbraucht weniger Energie, produziert weniger Müll – er fordert der Gemeinschaft weniger ab.

Wenn aber der Konsum einzige Steuerquelle ist, sind doch die Bezieher kleiner Einkommen weit mehr betroffen als heute.

Dafür bekommen sie ein Grundeinkommen, und das muss so hoch sein, dass der einzelne Bürger davon zwar auf einem Minimum, aber menschlich leben kann. Und dass er damit natürlich auch die Mehrwertsteuer bezahlen kann.

Wie hoch müsste das Grundeinkommen sein?

Das ist wieder eine der Fragen, die die Gemeinschaft beantworten muss. Aber nehmen wir mal an, jeder Bürger in Deutschland hätte ein Grundeinkommen von 1500 Euro. Wenn dann alle sagten, prima, das reicht mir, und würden nur noch konsumieren, dann hätten wir, solange die Fischer-Wernersche Vollautomatisierung noch nicht erreicht ist, natürlich ein Problem. Aber davon müssen wir nicht ausgehen. Stattdessen wird es sehr viele Menschen geben, die sich sagen: Das Grundeinkommen ist mir gerade recht, aber ich habe noch eigene Ziele und Bedürfnisse – jetzt arbeite ich nicht mehr, weil ich muss, sondern weil ich will. Jetzt kann ich tun, was mir liegt, und muss nicht dort arbeiten, wo ich am meisten Geld verdiene. Jetzt kann ich dort arbeiten, wo man angemessen mit mir umgeht. Und wo Produkte erzeugt werden, mit denen ich mich identifizieren kann. Das wäre eine enorme Klimaveränderung im Sozialen.

Glauben Sie, dass in einer solchen Welt noch jemand Kassierer in einem Drogeriemarkt sein wollte?
Aber sicher.

Warum?
Weil es viele Menschen gibt, die das gern machen. Ich rede viel mit den Leuten bei uns, und dann frage ich, wie es so geht, wie die Familienverhältnisse sind – und da gibt es eine Menge Menschen, die arbeiten, obwohl sie es gar nicht nötig haben. Die arbeiten, weil sie unter Menschen sein wollen, weil sie im Netzwerk sein wollen, wie wir heute neudeutsch sagen.

Dennoch wird es Jobs geben, um die sich niemand reißt.
Und die werden wir entweder hoch bezahlen müssen – oder wir erfinden Maschinen, die sie erledigen. Es wird auch keine hitzigen Debatten um Wochenendarbeit mehr geben: Wenn jemand sonntags arbeiten will, dann arbeitet er sonntags. Die Menschen werden befreit von der Notwendigkeit zu arbeiten. Denn wir brauchen kein Recht auf Arbeit und keine Pflicht zur Arbeit – wir brauchen einen freien Willen zur Arbeit.

Ist die schöne Utopie in irgendeiner Form finanzierbar?
Wir erwirtschaften heute in Deutschland, in Europa schon so viel, dass alle überleben können. Schon heute werden alle Menschen mit Geld versorgt, entweder durch eigenes Einkommen, durch Vermögen oder durch Transferzahlungen. Das Geld ist nicht das Problem. Was das Problem ist, «das wahre Elend», hat einer Ihrer Kollegen, Walter Wüllenweber, in einer herausragenden Reportage aus der bildungsfreien Zone im *Stern* (52/2004) beschrieben: Wir haben kein Finanzierungsproblem – wir haben ein Kulturproblem.

Wir leben in Aldous Huxleys *Schöne neue Welt*, in der wir dauernd abgelenkt werden und unseren Weg nicht mehr finden.

Fangen wir also an, das zu ändern. Wie?
Drei Schritte: die einkommensbasierten Steuern runterfahren, die Konsumsteuern hochfahren und Schritt für Schritt ein Bürgergeld einführen. Wenn wir etwa sagten, ab 1. Mai gibt es in der ersten Stufe für jeden 400 Euro Grundeinkommen, egal, ob er arbeitet, Rentner ist oder Sozialhilfe bezieht, dann hieße das, dass die Mitarbeiter in Ihrem Verlag wie bei uns 400 Euro weniger von uns bekämen – denn die bekommen sie jetzt durch das Grundeinkommen. Dafür müssten wir mehr Konsumsteuer einkalkulieren.

Und wie geht das weiter?
Das geht dann Schritt für Schritt, bis irgendwann die 1500 Euro erreicht sind und sich zum Beispiel eine unserer Kassiererinnen fragt, ob sie für 80 Euro mehr wirklich noch arbeiten soll. Wenn nicht, bleibt sie zu Hause – und der Platz ist frei für jemanden, der Spaß daran hat. Der beste Effekt dabei aber ist: Die Arbeit am Menschen wird endlich bezahlbar – also all jene arbeitsintensiven Aufgaben, bei denen wenige Maschinen und Methoden

eingesetzt werden können. Denn ich muss der Krankenschwester keine 3000 Euro mehr bezahlen, sondern nur noch 1500 Euro. Und es ist auch kein Problem mehr, wenn ein Rentner weiter arbeiten will – soll er, denn er erhöht die gesellschaftliche Wertschöpfung. Seinen (Steuer-)Beitrag leistet er sowieso über den Konsum.

Auch wenn das Sparpotenzial leicht vorstellbar ist, wenn nicht mehr ein riesiger Beamtenapparat über die Rechtmäßigkeit von Zuwendungen wacht – kann denn die Konsumsteuer für solch paradiesische Zustände wirklich ausreichen?
Das tut sie längst. Wenn wir es genau betrachten, dann zahlt schon heute nur der Endverbraucher wirklich Steuern. Denn ich als Unternehmer kalkuliere Steuern – wenn mir das nicht gelingt, macht mein Unternehmen Verlust, und ich bezahle erst recht keine Steuern. Ich behaupte: Alle Steuern, die wir heute im Unternehmensbereich bezahlen, seien es Vermögens-, Erbschafts-, Einkommens-, Gewerbe- oder Körperschaftssteuern, schlagen sich in den Preisen nieder. Allerdings könnte es eine interessante Übung für die demokratische Bewusstseinsbildung sein, wenn der Staatsanteil durch eine saubere Konsumsteuer einmal offenbar würde: Vermutlich hätten wir eine Quote von 45 bis 50 Prozent.

Das klingt eher nach «sauber deklarieren» statt nach neuen Paradigmen: In der Wirtschaft würde alles laufen wie bisher?
Sicher nicht, denn das Problem der einkommensbasierten Steuer ist auch, dass sie nicht am Ende des Wertschöpfungsstromes ansetzt, sondern dazwischen. Sie treibt sozusagen Knospenfrevel: Sie greift steuerlich schon zu, wenn das Produkt noch gar nicht fertig ist, an jedem Übergang – und das führt zu einer

Menge Fehllenkungen. Weil die Steuer immer wieder in den Unternehmen zugreift, werden Maßnahmen ergriffen, die für das Wirtschaftsgeschehen eigentlich kontraproduktiv sind: Es wird gebaut, verbraucht, investiert – nur der Steuern wegen. Bei der Konsumsteuer dagegen wird nur das untergehende, das verbrauchte Produkt besteuert – das ist auch ein wichtiger Unterschied zur Ökosteuer: Die Ökosteuer wird nicht am Pol des Konsums, sondern am Pol der Erzeugung erhoben. Als wäre es kein Unterschied, ob ich mit dem Benzin einen Panzer betanke oder einen Krankenwagen.

Das heißt, auch die Konsumsteuer steuert: Was für das Gemeinwesen gut ist, wird niedrig, was nicht so gut ist, hoch besteuert?
So sollte es sein.

Und wer bestimmt, was gut ist und was nicht?
Der gesamtgesellschaftliche, parlamentarisch legitimierte Konsens.

Also die Regierung. Ist da nicht wieder Raum für jede Menge Ideologie?
Sicher, aber das ist doch immer unser Los. Entscheidend ist für mich, dass wir Methoden und Werkzeuge entwickeln, die möglichst wenige Kollateralschäden zur Folge haben. Dass der Staat Geld braucht, ist klar. Wenn er es aber auf eine Weise erhebt, dass dadurch Investitionsentscheidungen fehlgeleitet werden und Menschen ihren Beitrag nicht mehr leisten – dann ist das ein Kollateralschaden. Mit der Konsumsteuer sind diese Schäden geringer, es gibt keine Diskussionen mehr über Abschreibungen, die Bilanzen könnten viel transparenter, offener und damit richtiger sein. Und es müssten auch viel weniger Produktionen ins Ausland verlagert werden. Deutschland würde

ein absolutes Steuerparadies – obwohl ich sicher bin: Die anderen würden schnell hinter den Trick kommen.

Ist das für Sie eine langfristige Vision, etwa für das Jahr 2100?

Das ist auch eine Frage der Definition: Für mich ist Entwicklung ein diskontinuierlicher Prozess, der irreversibel in der Zeit verläuft. Entwicklung geht immer schubweise, das gehört zum Prozess. Es kann sein, dass die Zeit für eine solche Idee ganz schnell kommt. Als zum Beispiel Ende der dreißiger Jahre Ludwig Ehrhardt das Konzept der sozialen Marktwirtschaft entwickelte, hätte keiner gedacht, dass schon 1948 die Zeit für diese Idee gekommen ist. Aber es war entscheidend, dass es dieses Konzept bereits gab. Das gilt auch heute: Wir müssen die Dinge in die Zukunft denken, die Zukunft antizipieren, heute schon die Antworten auf die noch offenen Fragen finden. Und wenn es so weit ist, ein durchdachtes Konzept zur Verfügung haben. ■

---

brand eins. *Wirtschaftsmagazin*
6. Jahrgang, Heft 03, April 2005: Wege aus dem Hamster-Rad, Ziele finden. Langfristig denken. Dann handeln. – Was bleibt.

DAS MANISCHE SCHAUEN AUF ARBEIT MACHT UNS ALLE KRANK

Götz W. Werner im Gespräch mit Arno Luik.
Interview im *Stern*

Er war mal ein ganz normaler Kapitalist – immer auf der Jagd nach mehr. Dann las er Schiller und Goethe. Jetzt will Götz Werner, Chef der Drogeriekette dm, Revolutionäres: ein Grundeinkommen für alle – von der Wiege bis zur Bahre.

Stern: Herr Werner. Sie lieben Tabubrüche, Sie sagen: «Es ist eine gute Sache, wenn die Menschen nicht arbeiten müssen!»
Götz W. Werner: Ja, es ist doch eine großartige Sache, diesem Zwang zur Arbeit befreit zu sein. Die Zeiten sind vorbei, dass wir – wie nach dem Sündenfall – im Schweiße unseres Angesichts das Brot verdienen müssen. Der Mensch hat die fünfte Schöpfung geschaffen, nämlich die Maschinen. Diese Maschinen sind unsere modernen Sklaven. Und es ist wunderbar, diesen Sklaven bei der Arbeit zuzuschauen. Es ist ein Genuss zu sehen, wie die Roboter in den Autofabriken die Karosserien zusammenschweißen, da meinen Sie, Titanen wären am Werk. Es ist also unsinnig, wenn etwa Bergarbeiter um ihre Knochenjobs kämpfen, dafür, dass sie in zweitausend Meter Tiefe bei Hitze krankmachenden Feinstaub einatmen.

Es ist einfach so: Man ist in der Gesellschaft nur etwas wert, wenn man arbeitet, wenn man Werte schafft. Das schafft auch Selbstwert.

Ja – denn wir leben immer noch nach dem alten, nicht mehr zeitgemäßen Gebot: «Wer nicht arbeitet, soll auch nicht essen!» Da waren die alten Griechen schon viel weiter. Bei ihnen war die Muße das Ziel, nicht die Arbeit. Ich kann also das Gerede um die Schaffung neuer Arbeitsplatze kaum mehr hören.

Jetzt sagen Sie bloß noch: Arbeitslosigkeit ist eine Chance.
Ja, so ist es.

Sozial ist, was Arbeit schafft, rufen die Politiker!
Die Politiker sind vernagelt. Von ihnen sind kaum Ideen zu erwarten, die uns weiterbringen. Sie sind narkotisiert vom Vollbeschäftigungswahn. Wir müssen diese neue Wirklichkeit akzeptieren: Die Zeiten der Vollbeschäftigung sind endgültig vorbei. Vollbeschäftigung ist ein Mythos. Eine Lüge.

Aufgabe der Wirtschaft ist es doch, Arbeitsplätze zu schaffen.
Nein. Das ist Unsinn. Die Wirtschaft ist keine sozialtherapeutische Beschäftigungsveranstaltung. Kein Unternehmer geht in seinen Laden und fragt sich: Wie schaffe ich neue Arbeitsplätze? Er fragt sich stattdessen: Wie kann ich möglichst effizient produzieren und wie rationalisieren, wie kann ich das Optimale für meine Kunden schaffen? Aufgabe der Wirtschaft, abgesehen von der Güterproduktion, ist es, die Menschen von Arbeit zu befreien.

So betrachtet, steht die deutsche Wirtschaft großartig da!
Ja. Wir leben in paradiesischen Zuständen. Die Frage ist, wie wir es fertig bringen, allen Menschen den Zugang zu dem zu ermöglichen, was die Gesellschaft hervorbringt. Nach fünftausend Jahren Mangel, Mangel, der genetisch in uns zu sein scheint: zum ersten Mal in der Menschheitsgeschichte leben wir im Überfluss. Aber die Menschen schaffen es nicht, mit dieser neuen Wirklichkeit klarzukommen. Sie sind in einem Erfahrungsgefängnis.

Sie haben ganz einfach Angst, ein Hartz-IV-Fall zu werden.
Ja. Und das ist ein großes Problem. Sie haben Angst, stigmatisiert zu werden. Nutzlos zu sein. Dieses manische Schauen auf Arbeit macht uns alle krank. Und was ist denn Hartz IV? Hartz IV ist offener Strafvollzug. Es ist die Beraubung von Freiheitsrechten. Hartz IV quält die Menschen, zerstört ihre Kreativität. Es ist ein Skandal, dass eine rot-grüne Regierung dieses destruktive Element in die Gesellschaft gebracht hat.

Das war notwendig, heißt es allenthalben, um aus der Krise herauszukommen!
Aha! Was für eine Krise? Wir haben keine Wirtschaftskrise.

Wie bitte?
Wir haben eine Denkkrise. Dass wir so viele Arbeitslose haben, zeigt die Stärke und die Effizienz unserer Wirtschaft.

Sie sind ein Zyniker.
Nein, ganz im Gegenteil. Ich bemühe mich, den Menschen zu helfen. Niemand muss ins soziale Abseits rutschen, wir können alle Erwerbslosen versorgen. Dazu müssen wir lernen, radikal, revolutionär zu denken.

Dann verraten Sie, was getan werden muss!
Einkommen und Arbeit sind in unserem Wirtschaftssystem aneinander gekoppelt. Das ist nicht mehr zeitgemäß. Wir brauchen kein Recht auf Arbeit. Wir brauchen ein Recht auf Einkommen. Ein Recht auf ein bedingungsloses Grundeinkommen. Den Menschen muss man Geld in die Hand geben – von der Wiege bis zur Bahre –, unbürokratisch, ohne Auflagen, ohne Formulare.

Wie schön!
Ja, sehr schön. Spotten Sie nicht, denken Sie stattdessen! Wir brauchen das Bürgergeld – für jeden.

Sie wollen jedem ein paar hundert Euro monatlich in die Hand geben, einfach so?
Ja, nicht nur ein paar hundert Euro, sondern so viel, dass jeder Mensch, bescheiden zwar, aber in Würde leben kann. Dass jeder am gesellschaftlichen und kulturellen Leben teilnehmen kann. Und damit erreichen Sie auch, dass es Arbeitslosigkeit als Problem nicht mehr gibt, dass niemand mehr stigmatisiert werden kann.

Wie hoch soll dieses Bürgergeld sein?
Ich denke, es sollten 1500 Euro sein. Stellen Sie sich mal vor, was für eine Gesellschaft sich entwickeln würde – eine Gesellschaft ohne Existenzangst!

Das ist ein schöner Traum, aber wer soll ihn bezahlen? Das hieße doch: Noch mehr Steuern, noch mehr Abgaben!
Überhaupt nicht. Ich bin dafür, alle Steuern abzuschaffen. Bis auf eine: die Mehrwertsteuer. Die müsste allerdings kräftig ansteigen, vielleicht sogar auf 50 Prozent.

Sie sind verrückt.
Nein. Die Mehrwertsteuer ist die einzig gerechte und wirklich sinnvolle Steuer. Wer viel konsumiert, der trägt viel zur Finanzierung des Staatswesens bei.

Aber der Dumme ist – wie so oft – der, der wenig hat. Er bezahlt prozentual am meisten. Außerdem werden die Waren teurer.
Nein. Man kann, erstens, die Mehrwertsteuer sozial gestalten. Und zweitens werden die Waren nicht teurer. Eine Brille kostet, sagen wir mal, 100 Euro. Darin sind heute 16 Euro Mehrwertsteuer und 84 Euro Warenwert. In diesen 84 Euro sind aber 34 Euro versteckte Steuern, der tatsächliche Warenwert beträgt also nur 50 Euro. 50 Prozent Mehrwertsteuer wären also nichts anderes, als den Steueranteil sauber auszuweisen. Ich sage ja auch nicht, dass die Mehrwertsteuer auf einen Schlag so hochgehen soll, das würde Jahre dauern. In den skandinavischen Ländern ist sie jetzt schon viel höher als bei uns, zum Teil bei 25 Prozent, und diesen Ländern geht es deutlich besser als uns. Ja, diese Konsumsteuer würde viele unserer strukturellen Probleme lösen.

Wieso denn das?
Der gesamte Wertschöpfungsprozess wäre von hemmenden Steuern befreit, wirtschaftliche Initiative würde nicht mehr mit Abgaben bestraft, die Leistung würde entfesselt, wenn das Einkommen nicht mehr besteuert und Arbeit nicht verteuert wird. Und da die Löhne niedriger würden, wäre die Auslagerung von Produktion ins Ausland überflüssig, der Standort Deutschland würde gestärkt.

Ich verstehe. Ihr Modell ist vor allem eins: das perfekte Unternehmerparadies. Und die Reichen werden noch reicher.
Sie denken immer noch zu kurz, viel zu kurz, und in den alten Schablonen. Sie denken: Man muss die Unternehmer besteuern, damit man die Kleinen entlasten kann. Das ist doch Lug und Trug. Die Unternehmer, ich weiß wovon ich rede, zahlen doch so gut wie keine Steuern.

Wie bitte? Ich habe im Ohr die heftigen Rufe der darbenden Unternehmer: Die Steuern fesseln uns, sie erwürgen uns!
Ja, ja, ja, Geschrei. Klagen und Jammern gehören zum Geschäft. Aber jeder Unternehmer wälzt seine komplette Steuerlast auf die Preise ab. Nein, ich glaube, mein Gesellschaftsentwurf wäre auch das Angestelltenparadies. Die Unternehmer würden an Macht verlieren, die Gewerkschaften, die Politiker würden ebenfalls an Macht und Einfluss verlieren. Aber jeder Bürger würde gewinnen. An Würde und Sicherheit. An wirklicher Freiheit: die Freiheit, nein sagen zu können. Stellen Sie sich doch mal vor, was so ein Grundeinkommen bewirken würde: Befreit von Existenzsorgen, würden die Leute nicht mehr ängstlich sparen, sie könnten konsumieren und, noch wichtiger: Ohne Zukunftsangst könnten sie ihre Talente entfalten, wirklich Mensch werden, Und jeder wäre mit jedem auf gleicher Augenhöhe. Menschenwürde ist et-

was ganz Feines. Ohne Angst könnten die Angestellten sagen: Bei diesem Arbeitgeber arbeite ich nicht, er verschmutzt die Umwelt zu sehr, er schikaniert seine Leute. Ich gehe.

Also: Sie wollen jedem Bürger tatsächlich 1500 Euro in die Hand geben, einfach so?
Ja.

Das sprengt die Staatshaushalte. Das wären etwa 1,4 Billionen Euro im Jahr, also gut zwei Drittel der Wirtschaftsleistung Deutschlands!
Ich sage ja nicht, dass wir sofort voll in das neue System einsteigen. Das ist ein langer Prozess, der fünfzehn, zwanzig Jahre dauern wird. Es geht um einen Einstieg in das neue Denken. Mit meiner Idee des Bürgergeldes kann man schon morgen – auf kleiner Flamme – anfangen. Wir könnten schon morgen sagen: Jeder hat Anspruch auf 700, 800 Euro. Außerdem wird nicht jeder 1500 Euro bekommen, das Grundeinkommen wäre nach dem Alter gestaffelt, Kinder bekommen 300 Euro, Rentner etwas weniger als Leute im Arbeitsalter. Über 720 Milliarden geben der Staat, die Länder, die Kommunen an Transferleistungen schon heute aus – an Arbeitslosengeld, Kindergeld, Sozialhilfe, Bafög, Wohnungsgeld und …

Das fällt dann alles weg?
Ja, die Dinge sind alle im Grundeinkommen enthalten, also nun überflüssig. Und somit passiert noch etwas: Der aufgeblähte Verwaltungsapparat, diese gigantische Sozialbürokratie, die die Bürger kujoniert, würde dramatisch zusammenschnurren, zig Milliarden würden freigesetzt. Ein Grundeinkommen von 800 Euro können wir uns also sofort leisten, das ist überhaupt nicht utopisch.

Bevor Sie mit Ihrem Traum ganz abheben, Herr Werner: Wer macht dann die Drecksarbeiten? Oder ganz profan: Wer sitzt dann noch an der Kasse Ihrer Drogeriemärkte? Da legen sich doch alle mit ihren 1500 Euro in die Hängematte und …
Nein, nein! Natürlich müssen unangenehme Jobs, wenn sie nicht von Maschinen übernommen werden können, eventuell höher entlohnt werden. Aber prinzipiell haben Sie ein zu pessimistisches Menschenbild, Das Grundeinkommen macht die Menschen doch nicht faul und apathisch, im Gegenteil. Wir wollen etwas leisten. Zwang hilft nicht. Angst hilft nicht. Aber wenn Sie zufrieden sind, leisten Sie mehr. Sie unterschätzen den immateriellen Wert von Arbeit. Arbeit macht auch Spaß. Die Leute wollen arbeiten, sie möchten gemeinschaftlich etwas erreichen. Schon 1966 hat Erich Fromm geschrieben, ohne Arbeit würden die Menschen verrückt werden, weil sie sich nicht für andere nützlich machen könnten. Wenn die Arbeit kein Zwang mehr ist zur Existenzsicherung, wenn ich machen kann, was mich erfüllt, dann …

Sie hören sich nun an wie Karl Marx, der …
Um Gottes willen, nein! Hören Sie auf!

… der von der Aufhebung der Arbeit träumte und meinte, «das Reich der Freiheit beginnt in der Tat erst da, wo das Arbeiten, das durch Not und äußere Zweckmäßigkeit bestimmt ist, aufhört».
Ja, ganz genau, das brauchen wir! Das hat der junge Marx geschrieben, leider hat er im Alter diese Gedanken nicht weiter verfolgt. Durch das Grundeinkommen ergäbe sich die Möglichkeit, wirklich sinnvolle Dinge zu tun, die unsere Gesellschaft so bitter nötig hat: die Arbeit am Menschen, Alten- und Krankenpflege, Kulturarbeit, Umweltschutz. Stellen Sie sich mal vor, die

Menschen werden nicht mehr arbeiten, weil sie müssen, sondern weil sie wollen – das würde das soziale Klima in der Gesellschaft radikal verändern.

Sie sind ein Träumer.

Nein. Begreifen Sie doch endlich, wir können nicht mehr so weitermachen wie bisher. Wir stehen an einer Weggabelung. Der Mensch lernt immer aus zwei Gründen: durch Einsicht oder nach Katastrophen. Und wenn wir nicht wollen, dass bei uns Dinge passieren wie gerade in Frankreich, erst die Explosion der Vorstädte, nun der Aufruhr der Studenten, müssen wir über das Grundeinkommen nachdenken.

Im Klartext: Sie haben Angst, dass die Arbeitslosen rebellieren, das Wirtschaftssystem prinzipiell in Frage stellen?

Vielleicht ja. Aber ich sehe das nicht so eng ideologisch. Wir Menschen brauchen doch eine Perspektive. Mich treibt diese Frage ganz konkret um: Wir gehen auf eine Gesellschaft zu, in der die klassische Arbeit verschwindet. Die Fabriken leeren sich. Der Wirtschaft-Nobelpreisträger Milton Friedman geht davon aus, dass in ein paar Jahren wegen des technischen Fortschritts nur noch zwanzig Prozent Arbeit haben.

Der Münchner Soziologe Beck spricht davon, dass immer mehr Menschen schlichtweg das werden: «überflüssig».

Kein Mensch ist überflüssig. Jeder ist wichtig und wertvoll. Die Frage ist doch, was die Menschen, die aus der klassischen Arbeit herausfallen, mit sich anfangen. Das ist eine Kulturfrage. Wir müssen den Menschen Hoffnung geben. Glaube. Liebe. Hoffnung. Wenn wir das nicht schaffen, fallen wir ins Vegetieren zurück, dann sind wir bloß noch Tiermenschen, zweibeinige Tiere.

Sie sind Herr über 23.000 Menschen …
Ich bin nicht «Herr über».

Sie sind der Chef von 23.000 Angestellten und gut 1600 Filialen. Nehmen Sie sich ein Beispiel am britischen Unternehmer Robert Owen: Der versuchte im 19. Jahrhundert seine sozialpolitischen Utopien in seinen Fabriken umzusetzen – keine Kinderarbeit, ein Zehn-Stunden-Arbeitstag. Schaffen Sie in Ihrem Reich doch das Paradies im Kleinen – fangen Sie an!
Abgesehen davon, dass ich schon denke, dass in unserem Unternehmen ein anderer Ton als üblich herrscht, hat ja das Beispiel Owen gezeigt, dass man so einen allumfassenden Entwurf nicht im Kleinen vorwegnehmen kann. Owen hat einiges erreicht, ist in vielem gescheitert. Nein, nicht im Kleinen müssen wir handeln, es geht ums Ganze, wir müssen die Denkblockaden der ganzen Gesellschaft überwinden. Und das endgültige Ziel ist für mich klar: eine Gesellschaft ohne Angst Das ist der Polarstern.

Was hat Sie dazu gebracht, so über die Gesellschaft nachzudenken?
Die Klassiker.

Sie meinen Goethe, Schiller …
… und noch einige andere, ja. Ich habe die Klassiker gelesen als eine Art Grundlagenforschung. Ich war auch mal verzehrt von dem üblichen Drang nach mehr, mehr. Das hat mich fast umgebracht. Aber irgendwann kommen die Fragen nach dem Sinn des Strebens. Goethes «Faust», Schillers «Ästhetische Briefe» halfen mir, die Welt neu zu sehen. Das macht einen wahrnehmungsfähig.

«Werft die Angst des Irdischen von euch», ruft Schiller, «Fliehet aus dem engen dumpfen Leben/ In des Idealen Reich!»

Ja, darum geht es! Als junger Mensch habe ich auch eher nach dem Motto gelebt: Drauf und los! Aber wenn man älter wird, merkt man, dass Erfolg nicht heißt, wie erfolgreich bin ich, sondern wie gelingt es mir, andere erfolgreich zu machen. Es geht immer um den Menschen.

Die Frage ist: Womit kann ich den Menschen dienen, nicht verdienen. Edel, edel.
So sehe ich mich nicht, eher als einen – wie im «Faust» beschrieben –, der immer strebend sich bemüht.

Und weil «Faust» Sie so fasziniert, müssen heute Ihre Lehrlinge …
Bei uns heißen sie «Lernlinge».

… Theater spielen und «Faust» aufführen.
Sie müssen nicht, das ist ein Angebot. «Abenteuer Kultur» nennen wir das, jedes Jahr nehmen an diesen Workshops siebenhundert, achthundert junge Menschen teil. Die jungen Leute sind heute einem Beeindruckungsbombardement ohnegleichen ausgesetzt, sie sind reizüberflutet, sie sprechen – vom Fernsehen und dem allgemeinen Lärmen verformt – Stakkato. Sie können sich kaum mehr ausdrücken. Beim Theaterspielen erleben sie, was in ihnen ist. Sie entdecken sich neu.

Und Sie glauben, Ihr Tun, Ihre Gedanken, das hilft, schafft eine bessere Welt?
Ich weiß nicht. Aber ich weiß, dass meine Ideen den Menschen Hoffnung geben. Ich glaube auch, dass meine Ideen sich ausbreiten. Ich bin da voller Vertrauen. Sehen Sie mal, wie wenig Hefe nötig ist, um den Teig zum Treiben zu bringen! ■

Stern, Nr. 17, 20.4.2006.

MAN MUSS RADIKAL DENKEN UND SCHRITTWEISE HANDELN

Götz W. Werner und Benediktus Hardorp im Gespräch mit Stephan Rotthaus. Interview im *Bankspiegel*

Könnte ein bedingungsloses Grundeinkommen das Problem der Arbeitslosigkeit lösen helfen? Könnte es den Freiraum schaffen für ein anderes Verständnis der Arbeit? Und wie könnte man all dies finanzieren? Der Bankspiegel befragte hierzu Prof. Götz W. Werner und Dr. Benediktus Hardorp, Wirtschaftsprüfer und Steuerberater (siehe auch das Interview mit ihm auf S. 91 ff.).

Bankspiegel: Herr Prof. Werner, Sie haben in Ihrer Firma dm-drogerie markt in den letzten Jahren viele tausend Arbeitsplätze geschaffen. Gleichzeitig sagen Sie, dies sei nicht das Ziel eines Unternehmens. Wie muss man das verstehen?
Götz W. Werner: Unser Ziel ist es, möglichst viele Kunden von unseren Produkten zu überzeugen. Wenn wir damit erfolgreich sind, wächst mit der Anzahl der Kunden auch unser Arbeitsaufwand. Dann benötigen wir Menschen und Produktionsmittel, die diese Arbeit bewältigen. Arbeit entsteht durch Initiative. Wenn im Zuge des Wachstums unseres Unternehmens Arbeitsplätze geschaffen werden, ist das Ausdruck und Folge davon, dass der Kundenzuspruch gestiegen ist.

Das Problem der Arbeitslosigkeit wird Ihrer Meinung nach völlig falsch angegangen.

Werner: Ja, wenn es um Wirtschaft und Gesellschaft geht, dominiert das Thema Arbeitslosigkeit unser Denken. Das liegt am überholten Paradigma der Erwerbsarbeit. Und daran, dass die öffentlichen Haushalte vornehmlich mit einkommenbasierten Steuern finanziert werden. Wer dieses Paradigmenbündel nicht in Frage stellt, muss dafür sorgen, dass die Erwerbsarbeit nicht abnimmt. Sonst bricht auch die steuerliche Bemessungsgrundlage zusammen. Insofern ist Arbeitslosigkeit durchaus ein drängendes Thema. Das Problem ist aber, dass das Thema nicht ernsthaft hinterfragt wird. Man versucht den Patienten zu kurieren, ohne sich mit den Ursachen seiner Krankheit zu beschäftigen.

Was ist für Sie ein modernes Verständnis von Arbeit?

Hardorp: Die freie Entwicklung von Initiative und das Leben aus ihr. Man versteht dann sein Einkommen zum Beispiel als

etwas, was einen in die Lage versetzt, initiativ zu werden. Dann nimmt die Arbeit einen völlig anderen Charakter an. Dann ist sie selbst gewählt und stellt keine von anderen auferlegte Last dar.

Die Arbeitslosigkeit hat zwei wesentliche Folgen: Sie erschwert die Finanzierung unserer gesellschaftlichen Systeme, und sie frustriert die Betroffenen. Wie hilft Ihr Konzept da weiter?

Werner: Das hängt mit unserer Auffassung von Arbeit zusammen. Man kann sie in zwei Bereiche einteilen: zum einen die Arbeit an der Naturgrundlage und der Materie. In den vergangenen Jahrtausenden haben wir immer einen Mangel bei der Versorgung der Menschen erlebt; erst seit wenigen Jahrzehnten muss man hier eher von einem Überfluss sprechen. Zu verdanken haben wir das dem naturwissenschaftlich fundierten technischen Fortschritt und der daraus entstandenen industriellen Revolution.

Maschinen und Methoden nehmen uns heute unheimlich viel Arbeit ab.

Einen enormen Bedarf haben wir weiterhin im zweiten Bereich, der menschenzugewandten Arbeit. Ich bezeichne dies mit dem Überbegriff der Kulturarbeit – also beispielsweise Bildung, Erziehung und Soziales. Auch angesichts der demografischen Entwicklung wächst dieser Bedarf enorm. Hier kann man aber nicht einfach rationalisieren, weil es nicht um technische Produktivität, sondern um mitmenschliche Zuwendung geht. Das wird das Arbeitsfeld der Zukunft sein. Durch das Paradigma der Erwerbsarbeit und aufgrund der Tatsache, dass wir alle Sozialsysteme und -standards daran koppeln, erscheint diese zweite Arbeit für uns heute nahezu unerschwinglich zu sein.

… künstlich unerschwinglich gemacht …

Werner: … ja, genau, wir befinden uns sozusagen in einem Gedankengefängnis. Dies aufzubrechen, ist in erster Linie die Aufgabe unserer Grundeinkommen-Initiative. Der Begriff der Arbeitslosigkeit ist eigentlich ein Kunstbegriff. Selbst Menschen, die heute per definitionem arbeitslos sind, gehen einer Beschäftigung nach und leisten teilweise sehr wertvolle Beiträge zum Wohl der Gesellschaft, z.B. im Bereich der Jugendbetreuung – oder als Eltern. Den Wert solcher Arbeit erkennen wir oft gar nicht.

Unsere gesellschaftlichen Systeme und Vereinbarungen hinken den technischen Möglichkeiten hinterher?

Werner: Ja, und wir leben insofern in paradiesischen Zuständen, als wir in unserem Kulturkreis keinen existenziellen Mangel mehr erleben. Das ist für uns eine ganz neue Erfahrung. All unsere sozialen Missstände rühren daher, dass wir versuchen, ein Scheinproblem mit überholten Methoden zu lösen.

Die Aussage, dass wir in paradiesischen Zuständen leben, macht deutlich, in welchem Teil der Welt wir leben und in welchem Maße sich bei uns die Produktivkräfte entwickelt haben.

Hardorp: Im Kern ist die Arbeitslosigkeit der Ausdruck eines Riesenerfolges. Menschen können sich neue Aufgaben suchen, weil wir von vielen Arbeiten entlastet werden. Wir nutzen diese Chance aber nicht. «Wir verhungern» – wie Goethe im *Faust* formuliert – «in der Fülle.» Wir meinen, wir hätten eine mangelhafte Versorgung, dabei haben wir mehr, als wir zum Leben brauchen.

Die Wirtschaft als Steuerungssystem hat doch die Aufgabe, Fähigkeiten und Bedürfnisse der Menschen zusammenzuführen. Erleben wir im Moment, zumindest teilweise, ein Scheitern dieses Systems?

Werner: Ich sehe das etwas anders. Die Aufgabe der Wirtschaft ist es, die Menschen mit Gütern und Dienstleistungen zu versorgen. Das Steuerungssystem dagegen ist die Gesellschaft. Sie ist dafür zuständig, den Bürgern ein Einkommen zu gewährleisten, zumindest in der heutigen Situation der absoluten Arbeitsteilung. Vor hundert Jahren haben in Deutschland noch 40 Prozent der Bevölkerung in der Landwirtschaft gelebt – als Selbstversorger. Unser Denkschema kommt aus dieser Zeit. Das muss sich ändern.

Wie sieht Ihre Idee eines bedingungslosen Grundeinkommens aus?

Hardorp: Es gibt heute viele Sozialtransfersysteme: Kindergeld, Arbeitslosenversicherung, Rentenversicherung und so weiter. Die Idee des Grundeinkommens ist, diese Systeme in eines zusammenzufassen und jedem Menschen bedingungslos ein Grundeinkommen zu gewähren.

Was bedeutet das konkret?
Werner: Die Idee ist: Jeder Mensch erhält ein Grundeinkommen, dessen Höhe sich am Alter orientiert. Es hat seinen Scheitelpunkt vielleicht zwischen fünfunddreißig und fünfzig Jahren und fällt dann wieder ab. Bis zum achtzehnten Lebensjahr liegt es in der Verfügung der Erziehungsberechtigten.

Welche Auswirkungen hätte ein solches Grundeinkommen?
Werner: Die meisten Arbeitnehmer haben heute keinen Arbeitsplatz, sondern leben in dem Unglück, nur einen Einkommensplatz zu haben. Sie gingen längst einer anderen Beschäftigung nach, wenn sie es sich finanziell leisten könnten. Damit einher gehen oft psychische Deformationen und Depressionen, kurz: Mangel an Lebenswürde. Das könnte mit einem garantierten Grundeinkommen vermieden werden. Und stellen Sie sich vor, Sie könnten zuverlässig davon ausgehen, dass Ihnen im Rentenalter ein sicheres Einkommen zusteht. Auch wenn sich Lebenspartnerschaften auflösen, wäre mit einem Grundeinkommen alles einfacher. Wir würden in einem anderen sozialen Klima leben.

Das Grundeinkommen erhielte also jeder unabhängig davon, ob er arbeitet oder nicht?
Werner: Ja, genau, jeder Staatsbürger erhält sein Grundeinkommen, und zusätzlich kann er frei hinzuverdienen.

Ist Ihr Modell des Grundeinkommens ein Kompromiss zwischen dem heutigen Zustand der Erwerbsarbeit und einer völligen Trennung von Arbeit und Einkommen?
Hardorp: Natürlich. Das Grundeinkommen ist ein erster Schritt, der das festgefahrene Verhältnis von Arbeit und Einkommen lockern soll. Auf dieser Grundlage kann dann eine Entwicklung einsetzen, die zu immer deutlicherer Trennung der beiden führt.

Das Grundeinkommen stellt noch keine vollständige Lösung von Arbeit und Einkommen dar – aber es eröffnet den Weg dahin.

Wie sieht es mit der Finanzierung eines Grundeinkommens aus?

Hardorp: Wir haben bereits eine: 720 Milliarden Euro pro Jahr in den genannten sozialen Transfersystemen. Um diese zu verteilen, werden heute weit über 100 Milliarden Euro Verwaltungskosten aufgebracht. Ungefähr die Hälfte davon könnten wir sparen. Wenn Sie beispielsweise diese circa 800 Milliarden Euro an die 80 Millionen Bundesbürger verteilten, könnte jeder über 830 Euro im Monat verfügen. Wie hoch das Grundeinkommen tatsächlich ausfällt, wäre eine Frage des sozialen Konsenses.

Werner: Der zweite Teil unserer Idee ist, die entsprechenden Ausgaben über eine Konsumsteuer zu finanzieren. Alle anderen Steuern, auch die Einkommensteuer, würden wegfallen. Es wäre schlicht und einfach: Sie zahlen Ihre Steuern dann, wenn Sie Ihr Geld ausgeben.

Die Unternehmen in Deutschland würden durch das Wegfallen diverser Steuern so entlastet, dass sie wesentlich preisgünstiger produzieren könnten?

Werner: Die Wertschöpfungsleistung und die Investitionen der Unternehmen würden durch die Konsumbesteuerung entlastet. Heute werden die Investitionen steuerlich verformt. Das sehen Sie zum Beispiel an den vielen Abschreibungsruinen, die nicht aus wirtschaftlicher Vernunft entstanden sind, sondern aus der Steuersparmanie. Das gäbe es bei der Konsumsteuer nicht mehr. Deutschland würde ein Investitionsparadies werden. Unternehmer könnten Steuerkosten sparen, die Nettopreise würden entsprechend sinken.

Hardorp: Eine Konsumsteuer fördert unsere Inlandsproduktivität, weil sie den Export entlastet. Und der Import würde in gleichem Maße wie die inländischen Leistungen belastet.

Der Export würde also günstiger werden?
Hardorp: Ja, weil wir im Moment unsere Sozialstandards noch kostenmäßig mitexportieren. Auch die kleinsten Entwicklungsländer zahlen das als unsere Abnehmer mit. Unter Globalisierungsgesichtspunkten ist das schlicht unfair.

Eine solche Konsum- oder Mehrwertsteuer müsste sehr hoch sein. Schnellen die Preise dann in die Höhe?
Werner: Die Steuerbelastung der Bürger wird durch die Umsteuerung von der Einkommen- zur Konsumsteuer nicht größer, sondern bleibt grundsätzlich gleich. Denn alle, auch die einkommenbezogenen Steuern im Unternehmensbereich sind heute schon versteckt in den Preisen enthalten und werden von den Konsumenten gezahlt. Dies würde nur transparenter – heute beträgt die Staatsquote unter Einschluss der Sozialabgaben fast 50 Prozent unserer Gesamtwertschöpfung.

Sie sagen, unser heutiges Steuersystem sei ein Abbild der Vergangenheit.
Werner: Die heutigen Steuersysteme, mit Ausnahme der Mehrwertsteuer, stammen aus der Zeit der Selbstversorgung. Dort waren sie auch angebracht. Wenn Ihr Bauernhof an einem Südhang lag, so hatten Sie bessere Voraussetzungen als der Bauer, dessen Felder und Grundstücke am Nordhang lagen. Deswegen sollte derjenige, der sich am besten selbst versorgen konnte, auch am meisten für die Gesellschaft tun. Daraus entstand der Ansatz zur Einkommensteuer. Heute benutzen wir weiter diese Methode, um unter arbeitsteiligen Bedingungen die Fremdversorgung zu

besteuern. Das ist unsinnig, denn wenn ich auf die Arbeitsleistung anderer angewiesen bin, warum sollte ich diese dann belasten? Der Wechsel von der Einkommens- hin zur Ausgabenbesteuerung ist eine notwendige Folge der veränderten Produktionsverhältnisse.

Wie sieht es mit der Steuergerechtigkeit aus? Mit einem Mehrwertsteuersatz für alle werden Reiche unterproportional belastet.

Werner: Der Reiche nimmt mehr reale Güter und Leistungen in Anspruch als der Arme und zahlt dann auch mehr Konsumsteuer. Wer mehr verbraucht, zahlt mehr Steuern – unter Umständen auch noch zu höheren Sätzen in Form von Luxussteuern.

Hardorp: Eigentlich sorgt die Konsumsteuer erstmals für Gerechtigkeit, von der wir bei der Einkommensteuer nur träumen. Die Einkommensteuer ist nicht gerecht, weil wir nicht wissen, ob diejenigen, die Steuern zahlen, diese auch tragen müssen. Es ist eine theoretische Papiergerechtigkeit. Als Unternehmer geben Sie doch die Steuern, die sich aus Ihrer unternehmerischen Tätigkeit ergeben, in den Preisen weiter. Im Endeffekt wird die Steuer damit doch von den Konsumenten gezahlt. Es gibt bei uns im Grunde schon immer eine Konsumbesteuerung, weil es wirtschaftlich nicht anders zu haben ist.

Nun ist es aber so, dass ein Reicher einen kleineren Anteil seines Einkommens für den Konsum ausgibt als ein Armer. So unterliegt er doch einer kleineren Steuerlast.

Hardorp: Ein Wohlhabender trägt die größere Steuerlast, auch wenn er anteilig weniger für den Konsum ausgibt als ein Armer. Denn das bedeutet nur, dass er den zunächst gesparten Teil seines Einkommens zu einem späteren Zeitpunkt versteuert – nämlich dann, wenn er es verbraucht. Wenn er es nie verbraucht, würde er auf die Gegenleistung für seine Leistung verzichten, Dies würde real allen anderen zugute kommen.

Wenn jeder ein Grundeinkommen erhält, fehlt dann nicht der Leistungsanreiz?
Hardorp: Welches Menschenbild steht dahinter, wenn man von Leistungsanreiz spricht? Wir sprechen von Initiative – das ist das Gegenteil von fremdgesteuertem Anreiz.

Geht es nicht eher darum, wie die Realität aussieht?
Werner: Ich habe viele Menschen gefragt, ob sie trotz eines Grundeinkommens zusätzlich arbeiten würden. Bisher hat noch jeder mit einem entschiedenen «Ja» geantwortet Warum billigt man diese Entscheidung nicht auch seinen Mitmenschen zu? Das Problem unserer heutigen Gesellschaft ist: Die meisten Menschen haben von sich selbst ein anderes Bild als von ihren Mitmenschen.

Kann man ein solches Grundeinkommen isoliert in Deutschland einführen?
Werner: 1968 gehörte Deutschland zu den ersten Ländern, die die Mehrwertsteuer eingeführt haben. Inzwischen hat diese Steuer Schule gemacht. Mittlerweile haben andere Länder in Europa viel höhere Mehrwertsteuersätze als wir, Schweden und Dänemark beispielsweise mit 25 Prozent.
Hardorp: Die Schweden haben auch bereits eine Art Grundeinkommen – und eine Wirtschaft im Aufschwung.
Werner: Die Veränderungen können natürlich nicht von heute auf morgen geschehen. Wir können uns aber jetzt auf den Weg begeben: langsam die einkommensbasierten Steuern senken, genauso langsam die Konsumsteuer erhöhen und ein bedingungsloses Grundeinkommen einführen, vielleicht zunächst

auf Höhe des jetzigen Arbeitslosengeldes II. Man muss nur immer den Polarstern, ein sinnvolles Ziel, vor Augen haben und dorthin navigieren.

Wie viel Skepsis muss man vor seinen eigenen großen Würfen haben?

Hardorp: Man kann gar nicht genug Skepsis haben, aber man darf den Mut niemals verlieren. Man muss radikal denken, aber schrittweise vorgehen – sonst kommt man zum Stillstand. Man muss ständig im Prozess der Erneuerung und der Ideen bleiben, sonst erschafft man Dogmen und erschlägt damit die Wirklichkeit. Im gemeinsam erzeugten Konsens müssen sich soziale Urteile herausbilden, sonst wird es schwer, überhaupt etwas umzusetzen.

Werner: An folgenden Grundsatz halte ich mich in meinem Unternehmen: «Beharrlich im Bemühen, bescheiden in der Erfolgserwartung.» In Bezug auf die Idee des Grundeinkommens heißt das: Wenn die geistige Welt, mit der wir klugerweise rechnen, Interesse an dem hat, was wir anstreben, werden sich die Dinge so verwirklichen. ■

Siehe auch die Fragen und Antworten dazu auf S. 115.

Bankspiegel. *Zeitschrift für ein modernes Bankwesen*, 1/2006, Heft 196: Das verkannte Paradies. Wenn Arbeit mehr ist als Geldverdienen. Und was ein Grundeinkommen dazu beitragen kann.

AUSWIRKUNGEN – WEITERE TEXTE UND INTERVIEWS

DER LOHN DER ANGST

Automation und Fortschritt, Wissensarbeit und Kapitalismus vernichten Arbeitsplätze. Und das ist gut so. Es geht nämlich auch anders.

von Wolf Lotter

I. Die Maßnahme

Wer heute nicht ans Paradies glaubt, kommt nicht in den Himmel, sondern nach Eidelstedt. Dort, im kleinbürgerlichen Stadtteil im Nordwesten Hamburgs, wird noch hochgehalten, was immer weniger bringt: Erwerbsarbeit. Dort kämpfen die letzten Helden der Vollbeschäftigung für den Endsieg der Vollerwerbsgesellschaft. Der Arbeitslose, an sich ein funktionsloses Glied der Arbeitsgemeinschaft aller Deutschen, soll nicht verlernen, worauf Wohl und Wehe des Vaterlands gebaut sind: Arbeiten. Koste es, was es wolle.

Und das geht nach den Aufzeichnungen eines Arbeitslosen so: «Zuerst haben wir alle Arbeitsbekleidung erhalten. Blaue Latzhosen und eine Jacke, auf der groß draufsteht: HAB Eidelstedt – Hamburger Arbeits-Beschaffung Eidelstedt heißt das.» Die Montur müsse sein, erklärt der Fallmanager der Bundesagentur für Arbeit, die mit 58 Milliarden Euro Jahresbudget rund fünf Millionen «Kunden», wie die Erwerbslosen neuerdings heißen, verwaltet. Schließlich soll der Bürger draußen sofort merken, dass etwas geschieht. Aber was? Das ist noch unklar, wie vieles, Dialektik des modernen Sozialstaats eben. An die Ein-Euro-Jobber, die hierfür ihren künftigen Einsatz üben sollen, werden jedenfalls dicke Monturen ausgegeben, obwohl sie in Innenräumen für den Ernstfall trainieren – «damit sie sich schon mal an Arbeitskleidung gewöhnen». Gewöhnung ist überhaupt das A und O des Arbeitslebens, und deshalb rücken die Erwerbslosen im Alter von 40 bis 55 Jahren bereits um sechs Uhr früh an, zum Morgenappell. Jobs gibt es keine und auch nichts zu tun, was für irgendjemanden Sinn ergeben könnte. Stattdessen lässt der Fallmanager eine Gipswand aufstellen, die er von den potenziellen Ein-Euro-Jobbern mal in Blau, mal in Weiß streichen lässt, so lange, bis die dünne Platte die Farbe nicht mehr trägt. Eine Wand weiter üben sich Arbeitslose im Fliesenlegen – Kachel rauf, bis die Wand voll ist, Kachel runter, ratsch. Eine Frau schnipselt mit einem Teppichmesser Auslegeware klein, die Stückchen kommen in einen Müllsack. Am Ende des Tages gibt's zum Dank ein klein wenig Hoffnung. Möglicherweise, sagt der Fallmanager, gäbe es demnächst ein paar richtige Jobs. Vielleicht.

All das spielt, wie gesagt, nicht in einer Irrenanstalt, sondern in Deutschland. Viele im Arbeits-Trainings-Camp in Eidelstedt haben Kinder, die gute Chancen haben, demnächst eine ähnliche Maßnahme zu erhalten. Sie alle hier haben Familie, Freunde. Was kostet es, haben zu wollen, was es nicht mehr gibt? In Eidelstedt und anderswo ist der Preis klar: die Würde.

II. Die Arbeitslüge

«Walt Disneys Lustige Taschenbücher» sind, wenn es um die Familie Duck aus Entenhausen geht, ein grandioses Sittenbild einer wirren Gesellschaft. Die drei klügsten Köpfe in diesen Geschichten – wer würde das bestreiten? – sind die Neffen des trostlosen Systemerhalters Donald Duck. Sie heißen Tick, Trick und Track. In fast jedem Abenteuer, das sie bestehen müssen, finden ige Lösung. Die drei Jungenten sind gewiss nicht faul. nnen den Unterschied zwischen Arbeit und Tätigkeit, urer Routine und kreativem Problemlösen. Sie sind eine Entscheidungselite, und sie können das auch sehr klar ausdrücken. Ihr Motto lautet: «Wer die Arbeit kennt und sich nicht drückt, ist verrückt.»

Mit dieser Einstellung würden die drei pubertierenden Enten hier zu Lande nicht alt. «Sozial ist, was Arbeit schafft», behauptet die CDU; für die SPD sind Arbeitsplätze die schönsten Plätze in Deutschland. Die Besserverdienenden von Bündnis 90/Die Grünen singen «Brüder, durch Sonne zur Arbeit», und die FDP quengelt «Arbeit muss sich wieder lohnen». Am Ende der ideologischen Verirrungen steht die Linkspartei: «Arbeit soll das Land regieren.»

Mit diesem Slogan kommen diese Neo-Stalinisten der Wahrheit, wenngleich ungewollt, ziemlich nah: Ohne Arbeit, das ist der letzte gemeinsame Nenner der politischen Psychologie, kein Staat, keine Gesellschaft. Und folgerichtig auch kein Leben.

Schon die Phrase von der Rückkehr zur Vollbeschäftigung ist eine Farce. Zu keinem Zeitpunkt des Industriekapitalismus, der seit fast zwei Jahrhunderten währt und der ohne Zweifel die meisten Beschäftigten aller Zeiten generierte, gab es so etwas Ähnliches wie Vollbeschäftigung für mehr als einige kurze, außergewöhnliche Jahre. Was die Arbeitswütigen meinen, umschreibt den Zeitraum von Anfang der fünfziger bis Ende der sechziger Jahre des vergangenen Jahrhunderts. Das ist die Zeit, die bis heute als unverrückbares Ziel dieser Gesellschaft beschworen wird: das deutsche Wirtschaftswunder. Es stützt sich allerdings auf 60 Millionen Tote, die Opferzahl des Zweiten Weltkriegs.

Ein Land, in dem praktisch alles neu aufgebaut werden musste, wofür zudem kaum männliche Arbeitskräfte zur Verfügung standen, hat zu tun – keine Frage. Doch nie gab es Vollbeschäftigung in ganz normalen Zeiten. Bereits 1966 musste der Konstrukteur der Währungsreform und des mystischen Wirtschaftswunders, Ludwig Erhard, von seiner Kanzlerschaft zurücktreten. Zum ersten Mal in der Geschichte der Bundesrepublik war es nicht gelungen, das Bruttoinlandsprodukt zu steigern. Und die Arbeitslosigkeit, die seit 1949 als besiegt galt, stieg auf 0,7 Prozent.

Seither herrscht eine Allparteien-Einigkeit, über die Wirklichkeit hartnäckig hinwegzureden. «Ein Schweigegelübde unseres Establishments», hat das der ehemalige SPD-Bundesgeschäftsführer Peter Glotz genannt. Glotz gehörte in den achtziger Jahren zu den ersten Vertretern dieses Establishments, der das Schweigen brach. Seine These von der Zwei-Drittel-Gesellschaft besagte, dass immer weniger Menschen gebraucht würden, um die sagenhaften Produktivitätsgewinne der modernen Ökonomie zu erwirtschaften. «Der Rest kann das Spiel nicht mitspielen oder will es nicht. Die leben von Vermögen, Erbschaften, Sozialhilfe, Schwarzarbeit, Omas Rente – kurz und gut, sie bringen sich irgendwie über die Runden.» Die These des einstigen SPD-Vordenkers ist heute bestätigt: Gut 15 Millionen Bundesbürger leben in den Verhältnissen, die Glotz beschrieb - ein Drittel davon registriert als Arbeitslose, der Rest lebt vom Ersparten oder schlägt sich mit Gelegenheitsarbeit und Schwarzarbeit durch, die ein knappes Fünftel des Bruttoinlandsproduktes beträgt. Das Gerede von Vollbeschäftigung, sagte Glotz, ist nichts weiter als «sinnloses Geschwätz».

III. Die Mühe

In der Welt der Arbeit ist nichts, wie es scheint. Arbeit, genauer: Erwerbsarbeit, galt den antiken Denkern als so ziemlich das Letzte. Man unterschied, wie heute wieder, Arbeit und Tätigkeit.

Das eine sicherte die nackte Existenz und entsprang immer den Notwendigkeiten. Das andere hingegen beschrieb, was Menschen gern und freiwillig tun, selbst dann, wenn es besonderer Leistungen und Anstrengungen bedurfte. Bei den alten Germanen wurde das Wort für Knecht und Arbeit schließlich eins: orbu. Das englische Wort Labour hat seinen Ursprung im lateinischen labor. Labor heißt: Mühe.

Seit Paulus sein «Wer nicht arbeitet, soll auch nicht essen» verkündete, ist die tägliche Mühe zur Pflicht geworden. Im 6. Jahrhundert gründet Benedikt von Nursia den einflussreichsten Orden der Kirchengeschichte, den der Benediktiner. «Ora et labora» heißt deren Motto - beten und arbeiten. Sonst nichts. Darauf bauten die Erfolge des Abendlandes für viele Jahrhunderte. Doch trotz der allerchristlichsten Beschwörungen war Erwerbsarbeit bis zur Industrialisierung keineswegs der Mittelpunkt des menschlichen Lebens. Dass sich die herrschende Klasse dem Müßiggang ergab, verstand sich von selbst, aber auch die Bevölkerung schuftete, allen Legenden zum Trotz, nicht wie verrückt. Im Mittelalter gab es wenigstens fünfzig strikt arbeitsfreie Tage im Jahr. Anstrengenden Arbeitsphasen, etwa in der Erntezeit, folgten längere Abschnitte, in denen nur wenig gearbeitet wurde.

Die Industrialisierung beendete das schlagartig. Zwischen 1830 und 1860, den ersten ungehemmten Jahren der neuen Ökonomie, betrug die durchschnittliche Arbeitszeit am Tag zwischen 14 und 16 Stunden, pro Woche 85 Stunden. Dazu kamen oft stundenlange Wegzeiten in die Fabrik. Eine gesetzliche Beschränkung der Arbeitszeit auf maximal 48 Wochenstunden gab es erst in der Weimarer Republik. Die Nationalsozialisten hoben alle Beschränkungen wieder auf, erst 1948 wurden die Verhältnisse von vor 1933 wiederhergestellt. In den sechziger Jahren wurde in den meisten Tarifverträgen die 40-Stunden-Woche festgeschrieben.

Zu dem Zeitpunkt aber begann sich die Arbeitsgesellschaft, die das gesamte Leben regelte, fundamental zu ändern. In den Industriestaaten wurde die Zahl der Erwerbsarbeiter in der Industrie erstmals durch die im Dienstleistungsbereich übertroffen. Im Jahr 2000 spielte die Produktion in Deutschland keine größere Rolle als die der Landwirtschaft Ende der fünfziger Jahre: Kaum ein Drittel der Beschäftigten stellt noch etwas Gegenständliches her. Auch für das, was wir für Arbeit halten, gilt: Die Veränderungen sind dem Bewusstsein weit voraus. Nach wie vor hält sich der Mythos der Arbeit als Schaffen, Schuften und Rackern. Je fleißiger eine Nation, so glauben wir, desto erfolgreicher ist sie. Hart arbeiten - und alles wird gut. Für einige stimmt das auch. Doch längst nicht mehr für die Mehrheit.

IV. Was ist «neue Arbeit»?

Der Industrialismus ist die Ursache des Arbeitswahns - und in ihm liegt gleichsam auch der Keim für das unausbleibliche Ende der Vollbeschäftigungsgesellschaft. Das Ziel jeder Produktivitätssteigerung ist es, mehr Ergebnis mit weniger Aufwand zu erzeugen, von den Physikern auch Arbeit genannt. Automation ist die Folge intensiven Nachdenkens. Die logische Folge: Je mehr Kopfarbeiter schuften, desto weniger bleibt für Handarbeiter übrig. Das liegt daran, dass Kopf- oder Wissensarbeiter nahezu immer darüber nachdenken, welche Prozesse in der Entwicklung oder Produktion verbessert werden können. Man kann das durch simple Beobachtung leicht nachvollziehen: In Branchen, in denen stupide körperliche (und einfache geistige) Arbeit durch Maschinen und Systeme ersetzt werden, etwa in der Informations- und Kommunikationstechnologie, schuften die Gestalter dieser Automationsverfahren besonders intensiv. Ein 14-Stunden-Tag gilt hier als normal, so viel also, wie noch vor fünf Generationen den Proletariern der frühen Industriegesellschaft abverlangt wurde.

Das ist die wirkliche «neue Arbeit», eine Tätigkeit, die körperliche oder auch nur routinemäßige Arbeit ersetzt. Diese Arbeitseliten, die es auch in der fortschrittlichen Produktion, in der Biotechnologie und anderen Automationsbranchen gibt, werfen zwei Schatten: einen echten, der sie als Liquidatoren der Arbeit erscheinen lässt. Schemenhaft aber wird eine zweite Kontur sichtbar: die des Vorbilds, das wie verrückt schuftet, das die Arbeit noch hochhält – und damit die Wertvorstellungen der alten Arbeitsgesellschaft. Während also, ganz nach Plan, die alte Plackerei durch Technik, Fortschritt und Wissensarbeit beendet wird, haben all jene, die sich nicht mehr plagen müssen, ständig ein schlechtes Gewissen. Schizophrene Wahrnehmungen sind in Zeiten des Wandels, der Transformation, unvermeidlich.

Der Übergang vom Leistungsträger zum Leistungsempfänger ist fließend. Bereits in den neunziger Jahren, schreibt der Wirtschaftshistoriker Wolfgang Reinhard, «wurden nur noch 25 Prozent der erwachsenen Lebenszeit auf die Arbeit verwendet». Frauen und Männer also, die physisch und psychisch in der Lage gewesen wären zu arbeiten, verbrachten im statistischen Mittel nur noch ein Viertel ihres Lebens mit dem, was sie bis heute als wichtigstes Bürgerrecht begreifen: mit Erwerbsarbeit.

Diese Realität wird hartnäckig übersehen. Und die Konsequenz daraus, dass mit Arbeit künftig kein Staat mehr zu machen ist, wird vom Establishment geleugnet. Die schlichte Ursache: Macht. Wer einstellen und entlassen kann, hat Macht über das Leben anderer.

Noch größer ist die Macht von Politikern, die mit Gesetzen und Reformen diese Prozesse regeln. Ein Kanzler, der Arbeit schafft, ist mächtig, einer, der das nicht schafft, nutzlos.

V. Arbeitslosigkeit ist Erfolg

Schlimm ist die aktuelle Lage nur, weil wir sie immer nur von einer Seite sehen: Ohne Erwerbsarbeit ist der Mensch kein Mensch. Dabei ist das Fiasko der Arbeitsgesellschaft nichts weiter als der Erfolg des Kapitalismus. Seine Fähigkeit, mit immer weniger Leistung immer bessere Ergebnisse zu erzielen, schafft Arbeitslosigkeit. Von Übel ist das nur, weil wir unsere wirklichen Siege nicht wahrnehmen.

Die Automation ist Segen, nicht Fluch. Sie ist höchst erfolgreich, wenngleich die Auswirkungen im alten Sozialsystem nicht mehr ankommen können. Denn die Quelle des alten Sozialstaates war Arbeit, die man in Geld tauschte. Heute wird Arbeit durch technologischen Fortschritt immer mehr überflüssig; Erträge und Profite entstehen dadurch, dass wir arbeiten lassen. Warum ist es so schwer, daraus die richtigen Schlüsse zu ziehen?

In den Zeiten des Wirtschaftswunders stieg die Produktivität allein zwischen 1948 und 1965 um fast 300 Prozent. Nach Abzug der Sonderkonjunktur erlebte die Bundesrepublik zwischen 1970 und 1995 immer noch eine Produktivitätsverdoppelung. Das geschah aber bereits vor dem Hintergrund steigender Massenarbeitslosigkeit und des Zusammenbruchs großer Teile der alten Industrien, also gebremst.

Tatsächlich ist es keineswegs nötig, dass in Deutschland noch 26,5 Millionen unselbstständig Erwerbstätige ihrer Erwerbsarbeit nachgehen. Lothar Späth und der frühere McKinsey-Manager Herbert A. Henzler haben im Jahr 1993 eine Berechnung angestellt: Was würde passieren, schöpfte man das technisch machbare Automationspotenzial in der Bundesrepublik voll aus? Die Antwort: Eine Arbeitslosigkeit von 38 Prozent wäre normal. Eindrucksvoll bestätigte eine weitere Studie der Universität Würzburg im Jahr 1998 die Annahme der Autoren: Allein im Bankensektor liegt das Automationspotenzial bei mehr als 60 Prozent, im Handel immer noch bei mehr als der Hälfte des gegenwärtigen Beschäftigungsstands. In diesen und vielen anderen Sektoren ist es nur eine Frage der Zeit, bis die Potenziale ausgenutzt werden. Die Kräfte, die sich am Vollerwerbsmodell festkrallen, rechnen mit Wundern. Umverteilung der Arbeit soll das Schlimmste verhindern. Das ist schon oberflächlich betrachtet grober Unfug. Selbst in längst vergangenen Zeiten, als die meisten Menschen nur stupide, leicht einstudierbare Arbeit in Fabriken leisteten, ließ sich das kaum realisieren. Wenn Arbeit aber vor allem geistige Tätigkeit ist, also Wissensarbeit – wie sollte Umverteilung dann funktionieren? Durch Gehirntransplantationen?

VI. Das Recht auf Zuchthaus

Bereits vor einem guten Jahrhundert war diese Entwicklung absehbar und eine Lösungsidee auf dem Tisch. Im Jahr 1912 erschien ein Buch des österreichischen Ingenieurs und Schriftstellers Joseph Popper-Lynkeus, der unter den Intellektuellen aller Nationen für Furore sorgte. In mehr als dreißig Sprachen übersetzt, formulierte Popper-Lynkeus darin seine Theorie von der «Allgemeinen Nährpflicht», die nichts anderes besagt, als dass Teile der durch Automation erzielten Produktivitätsgewinne zu einer Grundsicherung aller Staatsbürger führen müssten. Die Idee eines an keine Bedingungen geknüpften Grundeinkommens, das mit minimalem bürokratischem Aufwand verteilt und zur Vermeidung der elementarsten Existenzsorgen dienen sollte, faszinierte etwa Albert Einstein, der im «Recht auf Arbeit» nichts anderes erkennen konnte als das «Recht auf Zuchthaus».

Ökonomen und Sozialwissenschaftler plädieren seit Jahrzehnten dafür, die vorhersehbaren Folgen der ausklingenden

Arbeitsgesellschaft durch ein Grundeinkommen für alle Bürger abzufedern. Der Unterschied zur Sozialhilfe und ihre vielfältigen Erscheinungsformen ist einfach: Ein Grundeinkommen, auch Bürgergeld genannt, wird ohne Prüfung, bedingungslos sozusagen, jedem Staatsbürger zuerkannt. Es dient der Sicherung der Existenz. Es wird bezahlt wie ein Gehalt und ersetzt in fast allen bekannten Modellen die Vielzahl öffentlicher Almosen, die den Sozialstaat heute so heillos überfrachten.

Die Idee vom Geld für alle lässt sich ideologisch nicht verorten. Der amerikanische Wirtschaftswissenschaftler Milton Friedman propagierte sie schon 1962: Wer unterhalb einer bestimmten Einkommensschwelle bleibt, erhält vom Staat einen festen Betrag. Finanziert wird diese negative Einkommenssteuer durch Steueraufkommen. Eine klassische Transferleistung, die allerdings in den USA nur zum Teil realisiert wurde. So erhalten US-Bürger mit einem Einkommen unter 12 000 Dollar Geld über die negative Einkommenssteuer zurück – empfangsberechtigt ist jedoch nur, wer regelmäßiger Erwerbsarbeit nachgeht.

Neben dem Nobelpreisträger Friedman, der gern auch als Vater des Neoliberalismus bezeichnet wird, ist der französische Philosoph André Gorz ein bekannter Verfechter des Grundeinkommens. Gorz, langjähriger Mitstreiter Jean-Paul Sartres, argumentiert für das Grundeinkommen genauso wie der liberale Soziologe Lord Ralf Dahrendorf: «Eine Grundausstattung für alle muss garantiert sein. Eine Gesellschaft braucht einen Fußboden, unter den niemand geraten darf.»

Die Motivlage mag bei linken und liberalen Befürwortern des Grundeinkommens auseinander klaffen. Für die einen ist es die konsequente Fortsetzung der Umverteilung, die Sozialdividende, die jedem zusteht, der Bürger ist. Für die anderen geht es um die Möglichkeit, die volle Dynamik der Rationalisierung und Automation auszuschöpfen – quasi dem ungezügelten Fortschritt freien Lauf zu lassen und gleichzeitig die Sozialbürokratie auf ein Minimum zu beschränken. Denn wo ein Grundeinkommen den Lebensstandard sichert, braucht man weder Sozialhilfe noch Arbeitslosengeld, kein Rentensystem oder Kindergeld – und auch nicht die unzähligen weiteren Hilfen und Subventionen, die heute nach dem Gießkannenprinzip verteilt werden.

VII. Das Recht der Bürger

Der Frankfurter Sozialwissenschaftler Sascha Liebermann (s. auch seinen Beitrag auf S. 98 ff.) ist einer der Initiatoren der Plattform «Freiheit statt Vollbeschäftigung», in der Wissenschaftler aller Disziplinen Argumente für ein bedingungsloses Grundeinkommen zusammentragen. Er sieht die gegenwärtige Lage nicht tiefschwarz, im Gegenteil: Langsam sei die Voraussetzung geschaffen, dass sich die Energie verzehrenden Existenzängste und Nöte der Menschen in positive Bahnen lenken lassen. «Die Arbeitslosigkeit ist das Resultat eines riesigen Erfolges – des gelungenen Projektes, mit immer weniger Arbeit immer mehr zu produzieren. Und es ist doch ganz klar, dass wir nur einen Mechanismus brauchen, damit möglichst viele davon profitieren. Sehen Sie mal, was wir mit jungen Menschen machen: Der Druck, der auf Jugendlichen lastet, ist der Feind jedes Wagnisses. Die werden von allen Seiten angelabert, dass sie sich einen der wenigen noch verfügbaren Vollerwerbsarbeitsplätze erkämpfen sollen. Deshalb riskieren sie nichts. Sie haben Angst, unter die Räder zu kommen.»

Die Frage, sagt Liebermann, sei nicht: Wie schaffe ich es, das alte System weiterhin zu finanzieren? Die Frage lautet: Wir kriegen wir ein System hin, bei dem die ungeheuren Möglichkeiten der Automation ihren Nutzen entfalten? Statt Milliarden an Steuergeldern und praktisch alle Energie auf die sinnlose Debatte um den Erhalt der Vollbeschäftigungsgesellschaft zu lenken, wäre es dringlicher, die Grundlagen einer sozialen Grundsicherung für alle auszuarbeiten. «Das ist die wichtigste Arbeit, die wir in der Transformation zu leisten haben. Dabei entsteht ein kleiner, aber starker Staat, dessen einzige Aufgabe die Sicherung des Rahmens ist. Und in dem man keine riesige Sozialadministration mehr braucht.»

Von den links-alternativen Grundeinkommensdebatten der achtziger Jahre grenzt sich Liebermann ab: «Da ging es eigentlich nur darum, dass einige wenige etwas mehr Kohle von einem Staat wollten, den sie im Grunde nicht leiden konnten. Die Voraussetzung dafür, dass wir ein bedingungsloses Grundeinkommen bezahlen können, ist, zu akzeptieren, dass der Bürger weiß, was ihm gut tut. Und dazu müssen wir in Deutschland erst einmal den Bürger – den Citoyen – als eigenständig handelndes Wesen begreifen.»

Das sagt auch der Historiker Paul Nolte von der Freien Universität Berlin oft und gern. Allerdings schlägt der konservativ-grüne Geschichtsprofessor das Kreuz, wenn er von bedingungslosem Grundeinkommen hört. «Die Erwerbstätigkeit bleibt ein tragender Teil unserer Gesellschaft.» Die Debatte um ein Grundeinkommen, das den Wildwuchs an sozialen Zuwendungen ersetzt, ist für ihn eine «alte Intellektuellenvision aus den sechziger Jahren. Da stehen ein paar Weißkittel in der Fabrik, dort schuften Roboter, und der Rest lässt sich die Sonne auf den Bauch scheinen.» Auf die Mündigkeit der Bevölkerung, so viel steht für Nolte fest, sei kein Verlass. Dass sich die Bürger auf der Basis eines Grundeinkommens besonders gesellschaftlich engagieren oder – ohne existenziellen Druck – auf die Suche nach mehr Chancen im Leben gehen würden, glaubt er nicht. «Das kriegen die Leute kulturell nicht geregelt», sagt er. Kein Zweifel: Nolte hält das Gros der Bevölkerung für faul und willenlos. Die

Masse entwickle Engagement bestenfalls darin zu fordern – stets Neues und immer mehr.

Druck und Zwang, meint Nolte, blieben zuverlässige Gesellen beim Aufbau eines neuen Wertekanons einer künftigen Erwerbsgesellschaft. Dazu gehört die Bereitschaft, in den vorhandenen Rahmen zu denken und zu parieren: «Die Formel 8-8-8 hat sich historisch enorm bewährt.» Paul Nolte redet nicht über Kabbalistik oder esoterischen Zahlenzauber, sondern über die klassische Zeiteinteilung der Industriegesellschaft, der ordentlichen Welt von gestern. Acht Stunden Arbeit, acht Stunden Freizeit, acht Stunden pennen. Und dann wieder von vorn. Für Nolte ist das «eine anthropologisch logische Sache».

Der Historiker steht mit dieser Meinung einer wachsenden Zahl von Ökonomen gegenüber, die im Konsum nicht das Problem, sondern die Lösung der Krise sehen. Genauer: in der höheren Besteuerung von Konsum aller Art. Fast jedes europäische Land hat deutlich höhere Verbrauchs- oder Konsumsteuern als Deutschland. In den neuen osteuropäischen EU-Mitgliedsstaaten gilt praktisch durchgängig das Prinzip, Arbeit und Produktion, also die Wertschöpfungskette, gering zu besteuern. Umso stärker wird zugelangt, wenn es um Konsum geht. Die Methode hat mehrere Vorteile.

Steuern werden dort erhoben, wo Waren und Dienstleistungen gekauft werden. Egal, wo die Maschine steht, auf der sie produziert wurden. Unerheblich, ob die Idee aus Japan oder den USA stammt. Und ganz nebensächlich, ob der dazugehörige Kapitalist in einem Steuerparadies sitzt oder vor Ort. Bezahlt wird hier und jetzt. Damit brechen die wesentlichsten Argumente gegen die Globalisierung zusammen. Zugleich wäre es durchaus nützlich, wenn eine Volkswirtschaft, die auf Konsumsteuern setzt, auch der Automation freien Lauf lässt. Der Kapitalismus könnte ungebremst produzieren, also tun, was er kann.

Zwei Argumente werden dagegen immer wieder angeführt: Durch höhere Verbrauchssteuern reduziere sich der Konsum. Das lässt sich, bei einer ausgewogenen Entlastung bei den Kapital- und Arbeitssteuern, in keiner anderen Nation beobachten. Und: Eine Grundsicherung, Bürgergeld, Grundeinkommen, zerstöre die Erwerbsarbeitsmoral. Aber taugt ein so eindeutig schwindender Wert wirklich noch zur Leitkultur?

VIII. Tätigkeit

Der jüngst verstorbene SPD-Vordenker Peter Glotz zählte in den achtziger Jahren zu den schärfsten Kritikern eines bedingungslosen Grundeinkommens. Seine Hauptsorge damals war «schlicht die Tatsache, dass es ernsthafte Aggressionen gegen die Bezieher eines kleinen, aber sicheren Grundeinkommens durch die gibt, die weiterhin im Erwerbsprozess stecken». In der letzten Zeit sah er die Sache anders: «Kein Mensch würde nur auf die Grundsicherung vertrauen. Die würden schon weiterhin was tun.» Doch ein Problem sei geblieben: «Keine Partei findet das gut. Denn an der Arbeit hängt auch die Macht der Parteien und Organisationen.»

Das Gerede von der Arbeit als einzigem Sinnstifter unserer Existenz ist ein «Herrschaftsinstrument», wie Ralf Dahrendorf schon vor mehr als zwei Jahrzehnten erkannte: Nicht um die Arbeit gehe es den Machthabern, sondern um sich selbst, um die Möglichkeit, den Reichtum der Bürger so zu verteilen, wie es ihnen passt. Deshalb sind die Mächtigen um die Arbeit besorgt, sagt Dahrendorf. «Wenn sie ausgeht, verlieren die Herren der Arbeitsgesellschaft das Fundament ihrer Macht.»

IX. Arbeiten unter Polizeischutz

Doch dieses Fundament bröckelt längst. Denn bleibt alles, wie es ist, werden immer mehr Erwerbslose – die Chiffre für Bürger zweiter Klasse – unter uns leben. Sie werden immer weniger aus dem alten Umverteilungssystem erhalten. Ihr Leben ist unsicher und zunehmend brutal. Selbst wer dabei nur an sich denkt, sollte wissen, was das bedeutet. «Solange das Drittel, das kaum mehr etwas hat, ruhig gestellt wird, gibt es keine wirklichen Probleme», sagte Peter Glotz. Doch das gelinge nicht mehr lange: «Wenn wir so weitermachen, treiben wir das untere Drittel der Gesellschaft in Kriminalität und Chaos. Das wird vor allem auch für die ungemütlich, die etwas besitzen. Wollen wir die Leute, die in zehn, zwanzig Jahren bei Siemens arbeiten, mit Polizeischutz zur Arbeit bringen, damit sie nicht ausgeraubt werden?» Es gehe vor allem auch um die Rechte der anderen. Das wichtigste Argument für ein Grundeinkommen ist nicht moralischer Natur – es ist schierer Egoismus, der Wille derer, die vorankommen wollen. Deshalb sprechen sich heute vor allem Marktbefürworter für ein Grundeinkommen aus: Es passt zum Kapitalismus. Es ist gut für den Markt.

Georg Vobruba, Professor für Soziologie in Leipzig, gefällt die Entwicklung. Er hat sich schon in den späten siebziger Jahren für ein Grundeinkommen stark gemacht – und über Applaus aus dem falschen Lager geärgert. Denn Grundeinkommen sei keineswegs eine karitative, gutmenschelnde Veranstaltung: «Vieles in der Debatte um ein Grundeinkommen ist einfach zu moralisierend. Natürlich hat niemand ein Recht darauf – woher sollte das auch kommen? Es geht mir um andere Fragen: Was nützt ein Grundeinkommen denen, die noch in der Erwerbstätigkeit sind, und was nützt es Unternehmen?»

Die nahe liegendste Antwort ist: eine weit billigere Sozialbürokratie als heute, bei der die Kosten für die Verwaltung zuweilen die der ausgezahlten Mittel übertreffen. Darüber hinaus könnte ein Grundeinkommen dafür sorgen, dass aus Mc-Jobs und Gelegenheitsarbeiten ganz normale, durchaus sozialverträgliche Tätigkeiten werden können.

X. Ein echter Arbeitsmarkt

Für Vobruba sind die Antworten in den vergangenen Jahren noch klarer geworden: «Das Grundeinkommen ist ein ziemlich sinnvolles Instrument der Veränderung. Man bringt die Leute nur dazu, über das ihnen vorgeschriebene Maß hinauszugehen, wenn man sie materiell unterfüttert.» Das gelte in Zeiten der Globalisierung stärker als je zuvor. 120 Jahre lang hätten sich der Kapitalismus und der Sozialstaat ganz gut aneinander gewöhnt und vertragen: «Sozialpolitik hat vor allem den Job, den Kapitalismus, das Marktgeschehen, von systemfremden Aufgaben zu entlasten. Unser ökonomisches System ist ausgezeichnet für eine effiziente Produktion geeignet, für das Schaffen technischen Fortschritts, der allen nützt. Das Verteilungsproblem aber kann es weniger gut lösen. Der Markt und das Soziale gehören zusammen als sich ergänzende Systeme, die man nicht vermischen sollte.»

Ein System entlastet ein anderes, von dem es letztlich lebt: «Die, die leistungsfähig sind, können sich voll und ganz auf ihre Leistung konzentrieren. Die Grundeinkommensbezieher wiederum müssen nicht einer Vielzahl an Unterstützungen hinterherlaufen, sondern können sich, wenn sie wollen, auf einen Arbeitsmarkt begeben, der diesen Namen verdient.» Mehr Effizienz hilft aber vor allem, das Überleben jenes Faktors zu sichern, der im Sozialen eine so große Rolle spielt: der Moral.

Die Würde des Menschen ist auch davon abhängig, ob das Gesetz der Arbeit – was kann ich für andere tun? – Widerhall findet. Einen Markt.

Was Langzeitarbeitslose heute in den Amtsstuben der Bundesagentur und anderswo vorfinden, hat mit Markt nichts zu tun: «Ein Markt lebt davon, dass Anbieter und Nachfrager weitgehend gleich stark sind. Wo ist das heute noch der Fall?» Bei einem Grundeinkommen etwa auf der Basis der heutigen ALGII-Unterstützung könnten sich jene, die nicht mehr wollen, von diesem künstlich aufgeheizten, einseitigen Markt verabschieden. Andere, die durch Erwerbsarbeit mehr wollen, hätten bessere Chancen. «Waffengleichheit» nennt das Vobruba, und zwar eine, die allen dient: «Wir müssen nicht nur das Dogma der Vollerwerbsgesellschaft beseitigen – wir müssen die Psychologie durchbrechen. Eine Gesellschaft nach unten abzusichern dient dem sozialen Frieden, und gleichzeitig bleibt der Ökonomie Luft zum Atmen.»

XI. Der Preis der Vernunft

Bleibt die Frage, was das kostet. Selbst wenn man nur das heute gesetzlich festgelegte Existenzminimum – 7664 Euro pro Jahr und Kopf – als Mindesteinkommen garantierte, machte das für 82 Millionen Bundesbürger die gewaltige Summe von 620 Milliarden Euro aus: rund 200 Milliarden mehr, als der Staat an Steuereinnahmen zusammenkratzt. Auf den ersten Blick scheint das vollkommen unfinanzierbar. Doch die gesamten Sozialausgaben der Bundesrepublik betragen bereits heute jährlich mehr als 720 Milliarden Euro. Zieht man davon die Aufwendungen für die Krankenversicherung ab, verbleiben 580 Milliarden Euro für Leistungen, die ein Grundeinkommen langfristig ersetzen könnte. Und all jene, die weiterhin in Erwerbsarbeit blieben, würden nur potenzielle Empfänger des geregelten Einkommens ohne Arbeit werden. Tatsächlich ist nur nicht finanzierbar, dass alles so bleibt, wie es ist.

7664 Euro, vielleicht etwas mehr, vielleicht etwas weniger, sind überdies nicht das Paradies, nicht mal ein kleines Stück davon. Aber es wäre ein großer Schritt weg von dem alten Aberglauben, dass der Mensch nur etwas wert ist, wenn er leidet.

Wie verrückt dieses Dogma ist, wussten nicht nur Tick, Trick und Track. Schon in den achtziger Jahren des 19. Jahrhunderts schrieb ein gewisser Paul Lafargue, der Schwiegersohn von Karl Marx, ein kleines, kluges Buch über *Das Recht auf Faulheit.* Darin beklagte sich Lafargue bitter über die Dummheit seiner Genossen, die nichts im Kopf hatten, als das Recht auf Arbeit zu fordern. Und er knöpft sich jene guten Christenmenschen vor, die allen, die nicht arbeiten wollen, das Recht auf Essen verweigerten: «Jehova, der bärtige und sauertöpfische Gott, gibt seinen Verehrern das erhabenste Beispiel idealer Faulheit: Nach sechs Tagen Arbeit ruht er auf alle Ewigkeit aus.» Und weiter: «Das Proletariat hat sich (...) von dem Dogma der Arbeit verführen lassen. Hart und schrecklich war seine Züchtigung.»

Der britische Mathematiker Bertrand Russell greift, fast siebzig Jahre nach Lafargues Tod, in seinem Essay «Lob des Müßiggangs» die Gedanken des Marx-Schwiegersohns auf: «Mit den modernen Produktionsmethoden ist die Möglichkeit gegeben, dass alle Menschen behaglich und sicher leben können. Bisher sind wir noch immer so energiegeladen arbeitssam wie zur Zeit, da es noch keine Maschinen gab. Das war sehr töricht von uns. Aber sollten wir nicht auch irgendwann mal gescheit werden?»

Die Arbeit hoch? Nein. Kopf hoch. ■

---

brand eins. *Wirtschaftsmagazin.* 6 Jahrgang, Heft 07, Juli 2005: Schwerpunkt: Arbeit

TRENNUNG VON ARBEITSMARKT UND SOZIALPOLITIK

Thomas Straubhaar im Gespräch mit Doris Kleinau-Metzler. Interview in *a tempo*

Die wirtschaftliche Situation in Deutschland wird von vielen als beunruhigend empfunden: Die Arbeitslosigkeit ist unverändert hoch, das Wirtschaftswachstum ist gering. Die Zukunft der sozialen Grundsicherung bei Arbeitslosigkeit, Krankheit und Rente in einer immer älter werdenden Gesellschaft wirft viele Fragen auf. Begriffe wie Kombilohn und Grundeinkommen werden diskutiert. Der Schweizer Volkswirtschaftler Prof. Dr. Thomas Straubhaar, Jahrgang 1957, Leiter des Hamburgischen Welt-WirtschaftsInstituts (HWWI), setzt sich aus marktwirtschaftlicher Sicht mit diesen Fragen auseinander. Auch damit der Arbeitsmarkt ein dynamischer Markt mit Angebot und Nachfrage wird, plädiert er für einen Systemwechsel, für die klare Trennung von Arbeitsmarkt und Sozialpolitik. Damit verbindet er ein Grundeinkommen für alle Einwohner.

a tempo: Wie sind Sie dazu gekommen, sich mit Wirtschaft zu beschäftigen?

Thomas Straubhaar: Mein Lieblingsfach als Mittelschüler war Geschichte, und daraus entwickelte sich ein Interesse für den Zusammenhang von Wirtschaft und Geschichte. Auch in der deutschen Literatur hat mich sehr fasziniert, wie die Menschen gelebt haben, was sie für Probleme hatten – z. B. in Gerhart Hauptmanns *Die Weber* oder auch Thomas Mann mit den *Buddenbrooks*, dem Leben einer Kaufmannsfamilie. Aufgrund dieser geschichtlichen

Neigung sehe ich viele Dinge eher in einem längeren Kontext und bin sensibel für das Wechselspiel der politischen, gesellschaftlichen und ökonomischen Institutionen heute zwischen Demokratie, Rechtsstaatlichkeit und Marktwirtschaft.

Was ist für Sie bei diesem Wechselspiel grundlegend?
Seit der Vertreibung aus dem Paradies ist im Prinzip das Problem der Menschheit, dass wir nicht alles haben können, was wir gerne hätten, sondern uns dafür anstrengen müssen. Daraus hat sich stark vereinfacht folgendes Verhaltensmuster entwickelt: Strengst du dich an, bekommst du ein Einkommen, aus dem du dir die Güter kaufen kannst, die du möchtest. Und die angeboten Güter haben, im Unterschied zu moralischen und sozialen Werten, erst dann einen Wert, wenn sie einen Kunden finden, der das Produkt zu einem Preis, den er bereit ist zu zahlen, ersteht. Der Bäcker, der Brot backt und in die Auslage stellt oder die jungen Kollegen, die eine Firma gründen und auf einen Auftrag warten, haben einen immensen Mut – denn zunächst ist ihr Angebot nichts wert.

Die Nachfrage, der Konsum, setzt also den Kreislauf in Gang. Welche Aufgaben hat der Staat dabei, muss er das alles lenken, damit der Einzelne, Schwache dabei nicht untergeht?
Eine freie Gesellschaft, eine Wirtschaft als Gesamtes kann nicht gelenkt werden, dafür gibt es kein erfolgreiches historisches Modell, wie auch zuletzt der Untergang der Planwirtschaft gezeigt hat. Um die sicher vorhandenen Probleme zu lösen, kann man nicht auf dem Reißbrett sagen: so muss es gemacht werden. Aus der unglaublichen Komplexität menschlichen Verhaltens, in milliardenfacher Ausführung, aus diesem Fundus entwickelt sich etwas, was den jeweiligen gesellschaftlichen Erfordernissen entspricht, in einem Entdeckungsverfahren mit Versuch und Irrtum.

Aber schon die Kosument-Erzeuger-Beziehungen sind ja heute nur noch selten so unmittelbar wie im Fall des Bäckers. Monopole und Konzerne bestimmen die Preise. Soll alles dem freien Spiel der Kräfte überlassen bleiben?
Nein, ohne Regeln geht es nicht, wir brauchen im Zusammenspiel Gesetze und Moral. So sind für mich die Zehn Gebote der Bibel nicht nur eine Frage von Moral, sondern eine unglaublich vernünftige Regelung des zwischenmenschlichen Lebens, die so gestaltet ist, dass für den Einzelnen das Beste daraus wird. Einerseits sind Regeln wichtig, um Marktmacht und Monopole zu verhindern, die den freien Wirtschaftsprozess blockieren, andererseits ist es wichtig, dass wir dem sozialen Thema Raum geben. Das können wir uns leisten, das müssen wir uns leisten.

Was meinen Sie mit: «das Soziale können und müssen wir uns leisten»?
Die Menschen sind zufriedener und die Kriminalität ist geringer, wenn eine gewisse Grundsicherung vorhanden ist. Menschen reagieren empfindlich, wenn vor ihrer Haustür Menschen verhungern, denn in unseren tiefen menschlichen Werten und Emotionen lehnen wir das Elend des anderen ab. Dazu haben das Christentum, die europäische Aufklärung und der Übergang von der feudalen Struktur zu einer demokratischen Struktur entscheidend beigetragen. Insgesamt, in der großen Dimension, denke ich, dass es in aufgeklärten Demokratien nicht schlecht läuft.

Aber derzeit beträgt in Deutschland die Arbeitslosenquote ca. neun Prozent. Welche Hintergründe und welche Perspektiven sehen Sie angesichts dieser Situation?
Deutschland hat sicher auch mit den Folgekosten der Wiedervereinigung zu kämpfen, die politisch ein Riesenglücksfall war. Das war eine einmalige, gigantische Leistung, Millionen Deutsche in

so kurzer Zeit an ein weit höheres ökonomisches Entwicklungsniveau anzuschließen. Auf diese Leistung können die Deutschen stolz sein, aber es hat Substanz gekostet. – Derzeit kann man sagen, dass Massenarbeitslosigkeit herrscht. Aber auch mögliches Wachstum wird fatalerweise nicht automatisch zu einem Anstieg der Arbeitsstellen führen, sondern eher zu einem «jobless-growth» aufgrund der gesteigerten Produktivität der Arbeitenden.

Müssten nicht schnell mit staatlicher Unterstützung Arbeitsplätze geschaffen werden, besonders im Niedriglohnbereich, in dem es die meisten Arbeitslosen gibt – durch Kombilohn zum Beispiel, das heißt Zuschüsse an den Arbeitgeber?
Solche Regulierungen, die auf den Arbeitsmarkt als Markt eingreifen, schaffen nur Probleme und lösen keine. Das führt u. a.

dazu, dass Unternehmen sich sagen: «Wir senken die Löhne, der Staat gibt ja ohnehin etwas dazu» – soweit sie sich wegen des bürokratischen Aufwands der Antragstellung überhaupt dafür interessieren. Deshalb sehe ich keine andere Möglichkeit als eine Ursachentherapie, einen Systemwechsel, in dem die marktwirtschaftlichen Prinzipien realisiert werden und ein Grundeinkommen als soziale Komponente eingeführt würde. Für mich ist es entscheidend, zu trennen zwischen dem Arbeitsmarkt, auf dem sich der Lohn entsprechend dem Spiel von Angebot und Nachfrage bildet, und der Sozialpolitik, die sich dazu bekennt, dass alle in die Lage versetzt sein sollen, ein Leben in Würde zu führen. Ein Grundeinkommen von vielleicht 700 Euro pro Monat würde jedem Kind, jedem Erwachsenen zustehen, aber dafür würden alle anderen Zahlungen wie Arbeitslosengeld, Kindergeld, Wohngeld u. Ä. entfallen. Die genaue Höhe und sonstige Verfahrensweise mit dem Grundeinkommen ist eine Sache der politischen Verhandlung. Letztlich sollten nicht unbedingt mehr Ausgaben entstehen als derzeit, zumal der hohe bürokratische Überprüfungsaufwand wegfallen würde.

Aber Arbeit hat für die meisten Menschen zwei Aspekte: Sie sichert den Lebensstandard, ermöglicht aber auch Kontakte und soziale Wertschätzung, gibt Lebenssinn.

Wir müssen uns Gedanken machen, in welcher Art wir den Begriff der Arbeit neu fassen: ob das z. B. immer ein Vollarbeitsverhältnis sein muss, das es wirtschaftshistorisch gesehen erst eine kurze Zeitspanne gibt und eng mit der Industrialisierung zusammenhing. Ich vermute, dass sich mit dem Dienstleistungszeitalter, in dem wir uns befinden, und mit dem noch weitergehenden informationstechnologischen Wissen in Westeuropa immer weniger Menschen mit der Produktion von materiellen Gütern, sondern mit immateriellen Gütern befassen werden.

Dazu gehören Dienstleistungen verschiedenster Art, verstärkt in den Gebieten Gesundheit, Freizeit, Wellness, alte Menschen. Hier kann ein Grundeinkommen die Basis für Engagement und vielfältige Beschäftigungsmöglichkeiten schaffen. Auf einem freien Markt könnten sich viele differenzierte Angebote entwickeln, die in einigen Bereichen, zum Beispiel zum Schutz alter Menschen, sicher staatliche Aufsicht erfordern würden. Letztlich würde sich aber zwischen Angebot und Nachfrage die jeweilige Arbeits- und Betreuungqualität durchsetzen, die Menschen für sich wollen, wenn sie dafür bezahlen. Derzeit existiert hier kein freier Markt, die Idee von frei einzuteilenden Pflegebudgets weist aber auf eine gewisse Umorientierung hin.

Aber wie steht es mit der Lohnarbeit im unteren Verdienstbereich, wenn jeder ein Grundeinkommen bekommt? Wie stehen Sie zur Arbeitspflicht, die ja im derzeitigen System besteht, wenn jemand Leistungen wie Arbeitslosengeld bezieht?
Als Schweizer bin ich von der protestantischen Arbeitsethik geprägt, wonach es zum menschlichen Leben gehört, sich anzustrengen und etwas zu leisten. Heute sind die Menschen zwar verpflichtet zu arbeiten, aber es gibt nicht genügend Arbeitsangebote. Als liberaler Ökonom und von meinem Menschenbild her halte ich nichts von Arbeitspflicht. Zum einen glaube ich, dass die Menschen auch aus innerem Antrieb arbeiten wollen. Sicher gibt es auch Jobs, an denen kaum jemand Freude haben kann, aber lässt man dort den Markt unter der Voraussetzung des Grundeinkommens spielen, wird es in der Entlohnung dafür automatisch nach oben gehen, wenn Bedarf für diese Arbeit da ist. Zum anderen denke ich, dass sich Arbeit immer finanziell als Anreiz lohnen muss und die Menschen, zumal wenn das Grundeinkommen niedrig genug angesetzt wird, nicht nur zu Hause vor dem Fernsehen sitzen wollen.

Im Unterschied zum Bürgergeld-Modell der FDP, in dem der Bezug an Einkommensgrenzen gebunden ist, treten Sie für ein Grundeinkommen für jeden, unabhängig von Einkommen, Vermögen und Alter ein. Warum?
Vor allem aus Gründen des Sozialbürokratieabbaus. Es muss nichts mehr kontrolliert werden, und jeder Euro, der verdient wird, kann besteuert werden. Der bürokratische Kontrollaufwand ginge gegen Null.

Grundeinkommen auch für diejenigen, die genug Einkommen haben, mehr Selbstverantwortung für die Vorsorge, keine Arbeitspflicht – da scheint auch ein Systemwechsel im Kopf nötig, denn damit werden allgemein übliche Vorstellungen, was gerecht und richtig ist, umgeworfen, aber eventuell auch Neidgefühle verstärkt.
Ja, hier besteht sicher ein mentales Problem. Manche Vorstellungen sind nicht so schnell zu ändern, die Entwicklung neuer Mentalitäten braucht Generationen. Aber gerade wenn wir die Zukunft unserer Kinder offen halten und ihnen Freiräume lassen wollen, damit sie sich entscheiden können, wie sie leben und arbeiten, müssen wir unser Anspruchsdenken gegenüber einem für alles sorgenden Staat, der hoch verschuldet ist, ändern. Ein Grundeinkommen ermöglicht auch neue Verantwortungs- und damit Gestaltungsräume, sowohl ehrenamtlich als auch im Arbeitsbereich, wenn das Angebots- und Nachfrageprinzip gilt. ■

---

a tempo. *Das Lebensmagazin*. nr. 75, märz 2006.
Zukunft der Arbeit III.

ARBEITSLOHN STEUERFREI!

Wolfgang Eichhorn im Gespräch mit Doris Kleinau-Metzler
Interview in *a tempo*

Professor Dr. Dr. Wolfgang Eichhorn, Jahrgang 1933, lehrte bis zu seiner Emeritierung Volkswirtschaft an der Universität Karlsruhe (TH). Den Mathematiker interessierte immer auch der Bezug zwischen Modell und Realität. So war die Anzeigenkampagne des dm-Unternehmers Götz Werner, mit der in großen Zeitschriften für die Idee eines Grundeinkommens für alle geworben wurde, für ihn Anlass zu einem Brief mit kritischen Fragen. Mit der ausführlichen Antwort des von Götz Werner geleiteten Instituts für Entrepreneurship (Unternehmensgründung/-führung) setzten sich für Wolfgang Eichhorn die Überlegungen fort, inwieweit ein Grundeinkommen wirtschaftliche Probleme lösen könne. Ist ein Grundeinkommen für alle überhaupt finanzierbar, welche Konsequenzen ergeben sich daraus für das Steuersystem, für den Arbeitsmarkt, für den Einzelnen?

a tempo: Eine Arbeit zu haben ist in unserer Gesellschaft zentral. Welche Bedeutung messen Sie als Volkswirtschaftler dem «Arbeiten» zu?

Wolfgang Eichhorn: Zunächst muss man definieren, was unter Arbeit zu verstehen ist: eine zielgerichtete, soziale, planmäßige, körperliche oder geistige, typisch menschliche Tätigkeit – also nicht nur bezahlte Arbeit, wie man oft meint. Arbeit ist ein Produktionsfaktor, dazu kommen noch Kapital, Denken und Energie, jeweils durch Arbeit in die Wirtschaftswelt gebracht, und Boden. Derzeit ist die Annahme verbreitet, dass der Wohlstand allein durch Arbeit komme – wohl auch, weil das schon in der Bibel zu findende Prinzip «Wer nicht arbeitet, soll auch nicht essen» von vielen als berechtigt angesehen wird. Das war wohl damals in einer Selbstversorgergesellschaft sinnvoll, aber heute sind wir bei immer kürzeren Arbeitszeiten in der Lage, alle Bürger reichlich zu versorgen. Jetzt haben wir eher das Problem, dass die Bürger nicht über genügend Kaufkraft verfügen. Die meisten Produktionsanlagen sind zudem nur zu einem Teil ausgelastet, ca. achtzig Prozent im Durchschnitt, und man könnte ohne wesentliche Mehrbelastung für Mensch und Umwelt in vielen Fällen die Auslastung auf knapp über neunzig Prozent erhöhen. Und warum werden sie nur teilweise ausgelastet? Weil vielen Konsumenten die Mittel fehlen. Bei besserer Auslastung würden alle von sinkenden Stückkosten profitieren.

Ein großes Problem sind so gesehen die fast fünf Millionen Arbeitslosen, die keinen Spielraum für zusätzlichen Konsum haben. Wird es wieder Vollbeschäftigung geben?
Wohl kaum, denn Vollbeschäftigung ist in Marktwirtschaften nur in Zeiten starken Wirtschaftswachstums möglich, wenn etwa eine Innovationswelle neue, begehrenswerte Güter herausschwemmt oder wenn wie nach dem Zweiten Weltkrieg viele Städte und große Teile der Infrastruktur zerstört sind. Jetzt ist die Frage: Welche Arbeit ist wichtig? Man kann sehen, dass Arbeit in immensem Umfang liegen bleibt. «Das können wir uns nicht leisten», hören wir derzeit, wenn der Wunsch nach Renovierung öffentlicher Einrichtungen geäußert wird und soziale Tätigkeiten erhalten und ausgebaut werden sollen.

Aber der Staat hat doch große Schulden …
Unser Volkseinkommen ist so immens, dass wir 5 Millionen Arbeitslose mit durchschnittlich 850 Euro im Monat unterstützen

können, das sind ca. 50 Milliarden Euro im Jahr und entspricht dennoch nur etwa 3 Prozent unseres Volkseinkommens. Um eine Vorstellung des Größenverhältnisses zu bekommen: Sie gehen auch nicht bankrott, wenn Sie von 1700 Euro 50 abgeben. Unsere Staatsschulden haben die Höhe des Volkseinkommens eines Jahres erreicht, aber diese Schulden sind weder ungewöhnlich noch beunruhigend, wenn sie mit einer vernünftigen Finanzpolitik im Rahmen bleiben.

Was kann getan werden, um notwendige Arbeiten zu fördern?

Ein Hauptproblem ist, dass wir die Einkommen aus Arbeit zu stark mit Steuern und Abgaben belasten und damit zu teuer machen. Zu den Steuern kommen noch Beiträge zur Renten-, Arbeitslosen-, Kranken-, Pflegeversicherung und Ähnlichem, sodass viele Arbeitnehmer fast nur die Hälfte von dem ausgezahlt bekommen, was sie als Lohn erhalten. Und ein Unternehmen muss andererseits bis zum Dreifachen dessen aufwenden, was mancher Arbeitnehmer bekommt, denn neben Arbeitgeberbeiträgen zur Sozialversicherung sind auch Krankentage und Urlaub zu berücksichtigen, an denen ja nicht gearbeitet wird. Die hohe Belastung der abhängigen Arbeit durch Steuern und Abgaben, obwohl sie im Unterschied zu den Produktionsfaktoren Kapital (speziell durch Automatisierung) und Energie immer weniger zur Wohlstandssteigerung gebraucht wird, ist kontraproduktiv und kostet immer mehr Arbeitsplätze. Der Staat darf in seiner Steuerpolitik nicht mehr wie in archaischen Zeiten, als der «Zehnte» eingefordert wurde, auf den Ertrag der Arbeit abstellen. Bildung, Ausbildung, Forschung und schöpferische Arbeit muss er fördern, nicht besteuern.

Wie schätzen Sie Hartz IV bei der Lösung der Arbeitslosenproblematik ein?

Die Hartz-IV-Regelung für Arbeitslose bedeutet immer die Pflicht zur Arbeit. Das klingt gut, wenn Arbeitsplätze angeboten würden. Ansonsten wird den Leuten nichts gegeben, solange sie noch ein wenig haben – sie müssen ihr Erspartes für das Alter zunächst weitgehend aufbrauchen und werden damit eventuell ihr Leben lang zu Almosenempfängern. Und die Nachforschungen, wie jemand lebt, verletzen dessen Würde. Hier gilt: «Was du nicht willst, dass man dir tu, das füg auch keinem andern zu.»

Aber es gibt Fälle von Missbrauch, einzelne Städte beschäftigen immer mehr Sozialdetektive.

Ja, sicher gibt es Missbrauch, den ich auch verurteile. Aber man muss sich darüber klar sein, dass es so etwas auf jedem Gebiet gibt. Die Frage ist, ob man deshalb für alle Betroffenen die Lebensqualität so einschränkt, dass es ihnen fast wie eine Strafe erscheinen muss, Hartz-IV-Empfänger zu sein – zumal ja ohnehin nicht genügend Arbeitsplätze angeboten werden. Das ist für mich der mitmenschliche Grund, statt Hartz IV und diversen Subventionen wie Kindergeld, Mietzuschuss usw. so schnell wie möglich ein Grundeinkommen einzuführen. Das Grundeinkommen soll für alle Staatsbürger je nach Alter (kleine Kinder brauchen weniger) ausbezahlt werden. – Bevor ich weiter auf die Frage der Finanzierung eingehe, erst noch Folgendes: Die Hoffnungslosigkeit angesichts der unverändert hohen Arbeitslosigkeit weckt bei vielen Menschen Zukunftsangst. Es muss nicht Nebenprodukt der gesellschaftlichen Veranstaltung Wirtschaft werden, dass Reiche immer reicher und zugleich immer mehr Bürger immer ängstlicher und ärmer werden. Dabei sind wir die drittgrößte Industrienation der Welt und eigentlich ein reiches Land, zentral in Europa liegend, mit einer hervorragenden Infrastruktur und vielen noch nicht voll ausgelasteten Produktionsanlagen. Was wollen wir mehr?

Wir könnten demnach anders mit Armut umgehen und mehr Möglichkeiten für gesellschaftlich notwendige Arbeit schaffen. Was fehlt?

Die Vision, die Hoffnung, dass es besser werden kann! Ein immer größerer Teil des Güterspektrums wird mit immer weniger Arbeit produziert, und gleichzeitig werden immer mehr Menschen arbeitslos und können sich manche der angebotenen Güter, die sie gerne hätten, nicht leisten. Sollen deshalb Arbeitsplätze geteilt werden, etwa mit Lohneinbußen bei kürzerer Arbeitszeit? Oder sollen gering bezahlte Arbeitsplätze durch staatliche Zuschüsse «Kombilohnarbeitsplätze» werden? Kurzfristig kann das helfen, langfristig gilt: Streben nach Wohlfahrt schafft Arbeitsplätze. Wohlfahrt ist mehr als Wohlstand, denn dazu gehören Bedingungen, die Angst vor Abstieg und Ausgrenzung bei Arbeitslosigkeit und Alter verringern, die Möglichkeit für ein gesundes, gutes Leben schaffen, in dem ich einen Sinn finden kann. Die Sicherheit eines auskömmlichen Grundeinkommens kann dafür die Basis legen. Und wie können wir die Wohlfahrt der Gesellschaft vermehren? Letztlich trägt jeder, der arbeitet, und jeder, der Ideen hat, wie er zum Beispiel Abnehmer für etwas Neues findet, oder der sich für etwas einsetzt, das ihm wichtig ist, auch ehrenamtlich, zur Wohlfahrt aller bei.

Eine Art Verwandlung des Egoismus in Altruismus quasi. Wie könnte so ein Grundeinkommen für jeden ganz konkret umgesetzt werden? Wir haben ja ein äußerst differenziertes staatliches Programm mit Steuern, Unterstützung und Subventionen für viele Bereiche.

Als Erstes ist ein Umdenken erforderlich, wie gesagt, weg von der Besteuerung der Arbeitseinkommen und dem Glauben an die Vollbeschäftigung. Eine Änderung des Systems kann nur allmählich erfolgen, denn natürlich kann man mit einer Bevölkerung von 82 Millionen Menschen keine Experimente machen und in einem System mit zig Steuern von heute auf morgen sagen: Ab jetzt gibt es nur noch Verbrauchssteuern, speziell eine Mehrwertsteuer von sagen wir fünfzig Prozent. Die Entwicklung Richtung Grundeinkommen kann nur ein evolutionärer Prozess sein. So könnte z. B. die Mehrwertsteuer jedes Jahr um ein Prozent erhöht werden. Zur Machbarkeit einige relevante Zahlen der deutschen Volkswirtschaft für 2004 (in Mrd. Euro) – Volkseinkommen: 1.636, Steuern und Abgaben: 857, direkte Steuern (im Wesentlichen Einkommens- und Körperschaftssteuer): 210, indirekte Steuern (im Wesentlichen Umsatz- und Verbrauchssteuern): 233. Die staatlichen Mehreinnahmen einer

Mehrwertsteuererhöhung müssten dann von Zeit zu Zeit zur Senkung direkter Steuern, insbesondere der Lohn- und Einkommenssteuersätze, und für erste Grundeinkommenszahlungen an diejenigen führen, die durch die Mehrwertsteuererhöhung benachteiligt werden. Es gäbe keinen Einschnitt mit schmerzlichen Preiserhöhungen, und man könnte entsprechend dem wirtschaftlichen Verlauf korrigieren. Die schwindenden direkten Steuern würden die Kosten der Unternehmen senken, das heißt, die Preise, auf die die steigende Mehrwertsteuer erhoben würde, würden eher sinken oder durch die Mehrwertsteuererhöhung gleich bleiben. Zugleich würde die Verlagerung der Steuern auf die Mehrwertsteuer unseren Exportmarkt stärken.

Wie hoch sollte ein Grundeinkommen sein? Bestünde denn Ihrer Ansicht nach bei einem ausreichenden Grundeinkommen überhaupt noch genügend Anreiz, eine bezahlte Arbeit anzunehmen?
Letztlich ist die Höhe des endgültigen Grundeinkommens ein gesellschaftlich-politischer Aushandlungsprozess. Vielleicht würde der Endbetrag in etwa der Kaufkraft des derzeitigen durchschnittlichen Arbeitslosengeldes von 850 Euro entsprechen, vielleicht höher sein. Sicher wären die Löhne, die die Unternehmen zahlen, nicht so hoch wie heute, weil sie auf dem Grundeinkommen aufbauen, aber wenn es einen wirklich freien Arbeitsmarkt gibt, würden sich entsprechend der Nachfrage zusätzlich die verschiedensten Arbeitsmöglichkeiten entwickeln. Die Schattenwirtschaft würde mit ihrer marktwirtschaftlichen Prägung ins Licht der nichtkriminellen Wirtschaft treten. – Der finanzielle Anreiz für eine Arbeit scheint mir weiter gegeben. Man möchte etwas dazuverdienen zur besseren sozialen Absicherung oder für zusätzlichen Konsum, zumal damit auch oft die menschliche Kreativität geweckt wird und der Unterneh-

mergeist. – Entscheidend ist aber, dass die Menschen Hoffnung hätten und freier wären für das, was sie aus eigenem Antrieb heraus wollen, insbesondere auch für mitmenschliche Tätigkeit. Aufgabe der Wirtschaft ist es, bei allem Effizienzdenken die Wohlfahrt aller, nicht nur den materiellen Wohlstand einiger zu mehren. ■

a tempo. *Das Lebensmagazin*, nr. 79, juli 2006
Zukunft der Arbeit VII.

DIE STEUERN REFORMIEREN HEISST NEU TEILEN LERNEN

Benediktus Hardorp im Gespräch mit Doris Kleinau-Metzler. Interview in *a tempo*

Benediktus Hardorp, geboren 1928, Dr. rer. pol., ist als Wirtschaftsprüfer und Steuerberater in Mannheim tätig und war bzw. ist Mitglied in verschiedenen berufsständischen Gremien und Fachausschüssen. Aufgrund seiner langjährigen Tätigkeit für Unternehmen aller Art verfügt er über einen reichen Erfahrungsschatz auf wirtschaftlichem Felde. Er sieht die Notwendigkeit, einen Umbau unseres Steuersystems von der Ertrags- zur Konsumbesteuerung voranzutreiben, um die wirtschaftliche Initiative der Menschen zu stärken und zugleich die steuerlichen Standortbedingungen in Deutschland zu verbessern.

a tempo: Die Arbeitslosigkeit und die hohen, eventuell weiter steigenden Abzüge vom Arbeitslohn durch Steuern, Krankenkassen- und Rentenbeiträge beschäftigen Politik und Medien. Selbst junge Menschen blicken voll Sorge in die Zukunft. Wie sehen Sie, Herr Hardorp, die derzeitige wirtschaftliche Situation?

Benediktus Hardorp: Es besteht kein Grund zur Sorge, wenn man nicht nur klagt, sondern auch die Chancen der Lage nutzt. Unsere gesellschaftliche Situation macht deutlich, dass wir infolge der großen Veränderungen im Altersaufbau unserer Bevölkerung auf allen Feldern neu teilen lernen müssen. Das zeigt sich einerseits in der Steuerpolitik, aber natürlich auch in den Fragen unserer Altersvorsorge. Es geht das Schreckgespenst um, dass wir die Lasten der Alterseinkommen bald nicht mehr tragen können, weil hinter jedem Tätigen ein Rentner stehen wird. Es wird leider zu oft übersehen, dass gleichzeitig mit der Zunahme alter Menschen auch unsere Produktivität aufgrund des technischen Fortschritts so stark gewachsen ist, dass die zukünftig erforderlichen Renten durchaus tragbar und zu finanzieren sind. Wir haben gegenwärtig mindestens die achtfache Produktivität wie in der Nachkriegszeit; die Unternehmen könnten leicht noch mehr erzeugen – sie haben eher die Sorge, ob sie genug Absatz für ihre Mehrproduktion finden würden.

Welche Rolle spielt die Produktivität bei der wirtschaftlichen Entwicklung des Steuersystems?

Die Steuer kann Produktivität und Werteflüsse belasten oder erleichtern; sie ist letztlich ein Teilungsverhältnis über die gesellschaftliche Wertschöpfung. Mit der Besteuerung entscheiden wir, wie viel wir von der gesellschaftlichen Wertschöpfung für öffentliche Aufgaben bereitstellen und wie viel in der Verfügung der Bürger bleibt. Der Ausdruck «Steuersystem» ist eigentlich eine Übertreibung, denn unser gegenwärtiges «System» ist eher ein «Wildwuchs». Wenn man heute auf die Wirkung der Besteuerung unter Globalisierungsbedingungen blickt, so muss man zwei Gruppen unterscheiden: einerseits die Steuern, die auf den Inlandskonsum wirken, und andererseits die Steuern, die wir in Leistungspreisen auf unsere ausländischen Abnehmer abzuwälzen versuchen. Zur ersten Gruppe, die auf den Inlandskonsum wirkt, gehört vor allem die Mehrwertsteuer (MwSt.). Sie erfasst formal jede Produktionsstufe; durch die Technik des Vorsteuerabzugs bleibt die Wertschöpfung in der Unternehmenskette aber bis zum Konsum unbesteuert. Erst der inländische Konsument, der «Endabnehmer», trägt letztlich die Steuerlast von z. B. 7 oder

16 Prozent MWSt. Die andere große Gruppe sind die Steuern, die im Wertschöpfungsprozess der Unternehmen erhoben und sogleich wieder in deren Preisen weiterverrechnet werden – die Gewerbesteuer der Unternehmen z. B., dic Körperschaftssteuer, bei Personengesellschaften die Einkommensteuer auf Unternehmenserträge.

Welche Bedeutung hat die Ausfuhr von Waren, der Export, für die Wirtschaft Deutschlands?

Deutschland ist in hohem Maße in die Weltwirtschaft integriert. Um die deutschen Produkte auf dem Weltmarkt konkurrenzfähig zu halten, müssen die Preise auf dem Weltmarkt mit den dortigen Konkurrenzpreisen Schritt halten können. Die Leistungsfähigkeit der deutschen Industrie auf dem Weltmarkt steht auf dem Spiel

– und zugleich die Verhinderung der Abwanderung von Produktion und Unternehmen ins Ausland. Unternehmen sind eben ihrem Wesen nach «steuerfrei». Sie sollen mit möglichst geringen Aufwendungen gute Erträge erzielen – das ist ihre Aufgabe. Wenn man ihnen künstliche Kosten wie Steuern auferlegt, macht man es ihnen schwer, denn sie müssen diese Kosten ihrerseits wieder an ihre Abnehmer verrechnen. Aufgrund der Exportorientierung unserer Wirtschaft ist es wichtig zu sehen, dass wir mit unseren Wertschöpfungsleistungen auch unsere Unternehmenssteuern über unsere Grenzen exportieren. Jedes Land sollte aber selbst entscheiden, welche Infrastruktur an öffentlichen Leistungen es haben will – die aber müssen seine Bürger dann auch selbst bezahlen und nicht ihre ausländischen Abnehmer dafür heranzuziehen versuchen.

Also sollen Unternehmen, selbst wenn sie vielleicht hohe Gewinne machen, keine Steuern mehr bezahlen?

Wir müssen uns klar machen, dass wir als Verbraucher die Steuern, die im Unternehmensbereich erhoben werden, postwendend wieder im Preis der Waren zurückbekommen – jede Steuer im Unternehmensbereich muss weiterberechnet werden und wirkt daher wie ein Bumerang auf den Konsum. Der Konsument zahlt bei dem bisherigen Verfahren diese Steuern in einem Ausmaß, das er nicht kennt. Unternehmen und Unternehmer brauchen aber Gewinne «nach Steuern», um ihre Unternehmen zu finanzieren und in diese zu investieren. Gewinne zeigen die Wachstumsfähigkeit der Wirtschaft eines Landes; sie sind deren Entwicklungsraum. Das wird oft verdeckt durch den Umstand, dass das Verbrauchs- wie das Investitionseinkommen der Unternehmer in unseren Statistiken unterschiedslos als «Unternehmergewinn» bezeichnet wird. Eigentlich weiß ja jeder Bauer: ein Teil seiner Ernte ist zum Verbrauchen da und ein anderer Teil der

Ernte muss Saatgut werden (Investition). Unternehmer müssen nicht nur ihr persönliches Einkommen erwirtschaften, sondern vor allem ihre Investitionen finanzieren.

Wenn aber keine Unternehmenssteuer, keine Erbschaftssteuern, keine Gewerbesteuern, keine Einkommenssteuern mehr anfallen – und auch keine Lohnsteuer –, wie sollen dann die notwendigen Ausgaben des Staates bezahlt werden?
Wie bisher: aus der Belastung des Konsums – nur offen, d. h. bewusst gehandhabt. Zwei Drittel des Steueraufkommens in der Bundesrepublik Deutschland stammen derzeit bereits aus Mehrwertsteuer (Verbrauchsbesteuerung) oder Lohnsteuer (die als konsumeinschränkende Kaufkraftabschöpfung wirkt). Was wir vom Staat an Leistungen erwarten, müssen wir natürlich auch bezahlen wollen – selbst wenn es oft als Last empfunden wird. Auch Bund, Länder und Gemeinden müssen untereinander neu teilen lernen – wie die ganze Gesellschaft derzeit z. B. in der Rentenfrage, d. h. bei Zumessung der Alterseinkommen. Eine Umstellung des Steuersystems auf eine Verbrauchsbesteuerung – übrigens schon 1919 von Rudolf Steiner vorgeschlagen – würde zur Transparenz der Steuerlast und zur Entbürokratisierung des Besteuerungsverfahrens beitragen und Leistungsreserven bei den Menschen wecken. Wir müssen nur mit dem ganzen Steuersystem machen, was wir 1968 schon mit der Umsatzsteuer gemacht haben: die Unternehmerkette steuerfrei lassen! Im Übrigen: steuerliche Regelungen zur Gemeinnützigkeit, zu Spenden und Schenkungen würden ganz überflüssig. Auch die «Schwarzarbeit» würde verschwinden.

Müsste aber die Mehrwertsteuer nicht viel höher sein, wenn alle Gemeinwesenaufgaben über sie finanziert würden?
Sicher brauchte man an dieser Stelle ein höheres Aufkommen – was aber nicht heißt, dass wir insgesamt mehr Steuern zahlen,

wie ich vorher an dem Bumerang-Effekt der Unternehmenssteuern deutlich gemacht habe. Zudem könnten wir die Verbrauchsbesteuerung selbst sozial gerechter gestalten: Entweder kann man dies durch verschieden hohe Umsatzsteuersätze auf unterschiedliche Verbrauchsgüter oder -wege lösen, wie das ja schon im ermäßigten Steuersatz auf Lebensmittel oder Grundlebensbedarf angelegt ist, höhere Steuersätze dagegen auf den gehobenen Bedarf, noch höhere vielleicht auf «Luxusbedarf». Die andere Möglichkeit, zu sozial abgestufter Belastung zu kommen, wären Steuerrückerstattungen (Transferleistungen) für diejenigen, denen man aus sozialen Gründen etwas zuwenden will. Auch das ist ja im Gange (Zusammenlegung der Sozial- oder Arbeitslosenhilfe z. B.).

Also eine Art Grundeinkommen für sozial Schwache und Erwerbslose?

Ja, für Schwache oder für alle: je nachdem, wie sich die Gesellschaft entscheidet. Früher hat man die Verhältnisse, auch die wirtschaftlichen, eher statisch gesehen, heute fragt man, wo eine Produktion (Wertschöpfung) beginnt und zu wem sie – als Konsum – führt. Man denkt zunehmend in Prozessen. Das ist auch weltwirtschaftlich so – ohne die globalisierten Prozesse der Wertschöpfung und des Geldes könnten wir nicht so hochtechnisiert produzieren, hätten wir für Massenprodukte keine entsprechenden Absatzmärkte, hätten wir nicht unseren Wohlstand. Man braucht nur auf die Ursprungszertifikate seiner eigenen Kleidung oder nach dem Herstellungsland der Turnschuhe, in denen man joggt, zu schauen, die z. B. aus Taiwan, China oder Südafrika kommen. – Wir haben die Globalisierung seit langem erstrebt, aber wir beherrschen sie sozial noch nicht. Wir alle haben heute Realbeziehungen zu Menschen in allen Weltteilen, ohne dass wir diese Menschen kennen. Dieses «Kennen» könnte jedoch noch sehr viel bewusster gehandhabt werden durch assoziative Wirtschaftsformen, wie Rudolf Steiner sie nach dem ersten Weltkrieg angeregt hat: in solchen Assoziationen würde der sinnvolle weltweite Austausch unserer Leistungen geregelt. Anfänge davon sind z. B. in Weltwirtschaftskonferenzen, in Klimakonferenzen, aber auch in der Tätigkeit von Konsum- und Verbraucherschutzverbänden zu sehen. «Wirtschaft» ist nämlich letztlich nichts anderes als die Organisation des Füreinander-tätig-Seins der Menschen. Selbstversorgung wird zur Randerscheinung des modernen Wirtschaftslebens. Wir leben immer mehr von den Leistungen anderer. Wir leisten real immer mehr für andere – immer weniger für uns selbst. ■

---

a tempo. *Das Lebensmagazin*, nr. 45, september 2003.

FREIHEIT ERMÖGLICHEN, DAS GEMEINWESEN STÄRKEN

von Sascha Liebermann

Als wir – meine Mitstreiter und ich – im Dezember 2003 mit unserem Vorschlag mittels Plakatierung unserer Poster und Einrichtung einer Website an die Öffentlichkeit getreten sind, schien unser Vorhaben aussichtslos. Manche haben uns deswegen belächelt, selbst einige, die der Idee zugeneigt waren oder gar die Argumente vollkommen teilen, hielten es für illusionär zu glauben, gegen den Geist der Agenda 2010 könne man etwas ausrichten, gar Gehör für eine solche radikale Idee finden. Wie stark das Befremden gegenüber einem bedingungslosen Grundeinkommen war, darauf ließen auch die Äußerungen derer schließen, die zwar die sogenannte Reformpolitik der damaligen Bundesregierung kritisierten, die jedoch zugleich in einem leistungslosen Grundeinkommen nicht nur eine idealistische Schwärmerei erkannten, sondern ein Skandalon.

Angesichts der herrschenden Meinung, über die wir uns keine Illusionen machten, war vor allem eines zu erwarten: Ablehnung. Bestenfalls konnten wir erwarten, als Spinner bezeichnet zu werden, hoffnungslos naiv mussten wir sein. Statt Vertrauen in die Bürger herrschte Misstrauen, das sich in kosmetische Formeln wie «Fördern und Fordern», «Arbeit statt Sozialhilfe» oder «aktivierende Sozialpolitik» kleidete. Dennoch waren wir davon überzeugt, dass wir den Versuch unternehmen mussten, diese Idee in die öffentliche Debatte zu werfen, eröffnet sie doch den einzigen tragfähigen Ausweg. Kritik von allen Seiten kristallisierte sich am Vertrauen in den Einzelnen, das die Idee eines bedingungslosen

Grundeinkommens auszeichnet. Doch bei aller Kritik erhielten wir viel mehr Zuschriften, in denen Erleichterung zum Ausdruck kam, endlich ein Licht am Horizont zu sehen. Davon waren wir ebenso überrascht und begeistert wie von der Resonanz, die der Vorschlag schon früh von Journalisten erhielt, zuallererst in Gestalt eines Beitrages im Rahmen der von Henning Burk erstellten «Hartz-Reise» (gesendet im März 2004 in «Kulturzeit», 3SAT). Ihr letzter Teil war nach unserem Slogan «Freiheit statt Vollbeschäftigung» benannt und verschaffte uns weitere Aufmerksamkeit.

Weniger noch als diese Resonanz allerdings erwarteten wir zu diesem Zeitpunkt, nachdem wir die Reformdiskussion lange verfolgt hatten, auf einen Mitstreiter zu stoßen, dessen Überlegungen sich mit unseren weitgehend deckten. Groß also war die Überraschung, als ich im Winter 2004 zum ersten Mal ein Interview mit Herrn Werner, veröffentlicht in *a tempo,* gelesen hatte. Erstaunen und Begeisterung veranlassten uns damals, alsbald mit ihm in Verbindung zu treten, um auszuloten, wie groß die Gemeinsamkeiten sind – denn sie bestanden tatsächlich in der Sache und nicht nur im Gebrauch derselben Schlagworte. Alsbald tauschten wir uns auch mit Herrn Hardorp aus, dessen Bedeutung für die Überlegungen zur Konsumsteuer uns damals keineswegs bekannt war.

Götz W. Werner hat erheblichen Anteil daran, dass der Vorschlag seit vergangenem Jahr eine breitere Aufnahme gefunden und heute einen festen Platz in der öffentlichen Diskussion erhalten hat. Während vor einem Jahr sich die Befürworter noch in der Defensive befanden und aufwändig darlegen mussten, worin die Chancen des Grundeinkommens bestehen, stellt sich die Lage heute ganz anders dar: Die Vorschläge der Großen Koalition, mit Kombi-Löhnen die Subventionierung von Arbeitsbeschaffung fortzusetzen, statt eine Kultur der Leistung zu fördern, haben dem Grundeinkommen größere Aufmerksamkeit beschert als zuvor. Parteien sind mittlerweile an öffentlichen Diskussionen interessiert – im Sommer 2005 war das noch undenkbar.

Dieser Erfolg der Idee belegt auf wunderbare Weise, was eine unerlässliche Voraussetzung für jeden Umbau unseres Gemeinwesens bildet: Vertrauen in den Geist der Freiheit, Vertrauen in die Kraft des Argumentes und damit: Vertrauen in den Einzelnen, die Chance der Freiheit auch ergreifen zu wollen, denn genau das bezeugt die Resonanz und auch die Kritik, die das bedingungslose Grundeinkommen erhält. In vieler Hinsicht sind die Erfahrungen unserer Initiative in den vergangenen Jahren ein praktischer Beweis für das Gegenteil dessen, was unsere Volkserzieher in allen politischen Lagern befürchten: dass wir nämlich noch nicht reif seien für die Freiheit. Wer immer diesen Vorbehalt artikuliert, wähnt zwar die anderen unfähig, diese Freiheit zu ergreifen, sich selbst aber hält er für umso mehr befähigt dazu.

Da das «Grundeinkommen» mittlerweile in vieler Munde ist, wird es umso wichtiger, Differenzen und Gemeinsamkeiten der verschiedenen Konzepte deutlich zu machen. Dazu gilt es, die Scheidelinien zwischen einem bedingungslosen und allen anderen Formen eines Grundeinkommens deutlich zu ziehen, entscheidet sich daran nämlich, ob wir uns den Schritt in ein wirklich freiheitliches Gemeinwesen wagen oder das Misstrauen pflegen wollen.*

* Hat Thomas Straubhaar noch vor nicht allzu langer Zeit dafür plädiert, das Grundeinkommen dürfe nicht zu hoch sein, weil sonst der Arbeitsanreiz gemindert werde, spielt dies in den jüngsten Äußerungen keine Rolle mehr. An seine Stelle ist der Hinweis getreten, dass die Höhe des Grundeinkommens in direkter Relation zur Höhe der Besteuerung stehe, es handelt sich also um die Frage, wie viel wir umverteilen wollen (Hamburgisches Weltwirtschaftsinstitut: «Grundeinkommen: Nachhaltigkeit für den Sozialstaat Deutschland», http://www.hwwi.org/Grundeinkommen_Nach.539.0.html (Juni 2006)).

Was hält uns zurück?

Großes Unbehagen an der Idee bereitet vielen bis heute die Verbindung von demokratischer Bürgerkultur, grundständiger Einkommenssicherheit und Förderung von Leistung. Für die einen war die Forderung nach Einkommenssicherheit schon Kommunismus, für die anderen lief die Förderung von Leistung ihren antikapitalistischen oder anti-unternehmerischen Affekten zuwider, war Ausdruck einer neoliberalen Gesinnung. In dieser Kritik zeigt sich bei allen Differenzen zwischen den Lagern auch eine untergründige Verwandtschaft: das Individuum gilt genauso wenig wie das bürgerschaftliche Gemeinwesen, beiden kann nicht vertraut werden. Deswegen bedarf es der Kontrolle, sei sie staatlichen, sei sie marktförmigen Chrakters.

Die Idee, auf der das Konzept des bedingungslosen Grundeinkommens beruht, ist beinahe trivial, so selbstverständlich in ihren Voraussetzungen, dass wir sie allzuleicht übersehen. Keineswegs widerspricht sie der Realität, wie manche meinen – im Gegenteil: schon lange leben wir tatsächlich mit diesem Vertrauen in den Einzelnen; unsere Demokratie gäbe es gar nicht ohne dieses Vertrauen, genauso wenig wie Vereine, Parteien und auf Ehrenamt im Wesentlichen sich gründende karitative Einrichtungen. Wer also den Befürwortern entgegenhält, es handele sich um eine idealistische, schwärmerische Idee, der wird sich fragen lassen müssen, wie er zum realen Leben steht. Denn, wer glaubt, bei den Voraussetzungen, die ein Grundeinkommen verlangt, handele es sich um etwas, zu dem wir erst noch reifen müssten, lebt fernab der Wirklichkeit – wahrlich im Wolkenkuckucksheim. Das ewige Misstrauen, das einem allerorten entgegenschlägt, spricht den Einzelnen ab, was sie tagein tagaus übernehmen: Verantwortung. Zwischen unserem Handeln und unserem Denken darüber klaffen erstaunliche Abgründe. Es wird geleugnet, dass

Freiheitschancen schon jeden Tag mehr oder weniger ergriffen werden, der Einzelne Entscheidungen zu treffen hat, die ihm keiner abnimmt, selbst dort, wo er bestehende Chancen nicht nutzt, auch dies kann eine vernünftige Entscheidung sein. Wenn wir dazu nur bereit sind, können wir erkennen, wie unser Gemeinwesen aus keinem anderen Grund als dem der Ermöglichung von Freiheit überhaupt existiert und fortbesteht. Stattdessen aber neigen wir dazu, selbst die klarste und einfachste Entscheidung, die wir treffen, als eine darzustellen, die von höheren Mächten bestimmt sei: dem Kapital, den Konzernen oder sonstwem. Selbst die Entscheidung darüber, wo wir welche Lebensmittel kaufen, so die Teilnehmerin einer Diskussion, sei von den Konzernen vorherbestimmt und nicht in unserer Hand – diese Heraufbeschwörung ist Ausdruck einer Selbstentmachtung, die tatsächlich weit verbreitet ist. Sie ist ein Grund dafür, dass wir kaum vom Fleck kommen in unserem Land. Bei allem Aktionismus, den wir an den Tag legen, haben wir in den vergangenen Jahren gegen die Freiheit der Bürger entschieden, obwohl von Freiheit unablässig die Rede war. Wir stehen uns damit selbst im Weg. Statt darauf hinzuwirken, die Missstände zu beseitigen, erklären wir sie zum Naturgesetz oder zum Sachzwang, machen übermächtige Gegner für sie verantwortlich oder die menschliche Natur. Die Diskussionen der vergangenen Jahre sind doch vor allem Ausdruck einer tiefen Orientierungslosigkeit. An alten Gewissheiten wird festgehalten, ihr Gehalt wird beinahe kultisch beschworen, obwohl ihre Basis schon lange zerbrochen ist.

Wer etwas ändern will, muss initiativ werden, er muss einen Gegenvorschlag unterbreiten und für seine Verbreitung streiten – das geht nur mit Argumenten und nicht mit Verschwörungsvorstellungen. Diejenigen, die stets andere für etwas verantwortlich machen, entledigen sich der Verantwortung, selbst einen Beitrag zu leisten, wie auch immer er aussehen mag. Selbstentmachtung und Elitenüberhöhung sind zwei Seiten einer Medaille: einer obrigkeitsstaatlichen Haltung. Damit soll nicht gesagt sein, das Gemeinwesen habe nicht Sorge zu tragen, dem Einzelnen möglichst gute Bedingungen zu seiner Entfaltung bereitzustellen. Doch auch dies verlangt eine Initiative der Bürger, die sich gegen eine Politik, die die Interessen des Gemeinwesens verletzt, wenden muss.

Wie wir sehen können, ist die größte Herausforderung, vor der die Befürworter stehen, nicht, nach Evidenz dafür zu suchen, dass die Zumutung von Freiheit in der Regel niemanden überfordert. Schon an den Einwänden dagegen ist abzulesen, wo der wirkliche Gegner steht: Ausnahmen werden von ihm gegen das Offensichtliche zur Regel erhoben. Weil es doch Menschen gebe, die damit überfordert seien, könne man keinem diese Freiheit geben. Wegen dieser Ausnahmen soll die Regel ihnen gemäß bestimmt werden, statt dem Volksmund zu folgen, der weise sagt: Ausnahmen bestätigen die Regel.

Nicht der Mangel an Evidenz ist es also, mit dem wir ringen. Zu erklären und damit zu begreifen ist, weshalb die evidenten Zusammenhänge, die auf der Hand liegen, nicht ernst genommen und Konsequenzen aus ihnen gezogen werden. Erst wenn wir das verstehen, wissen wir, weshalb noch immer das Postulat der Vollbeschäftigung die öffentliche Debatte beherrscht, weshalb wir es nicht fahren lassen.

Unsere politische Ordnung fußt auf den Bürgern, hat in ihnen ihren Geltungsgrund. Sie sind die Quelle ihrer Legitimation, sie entscheiden darüber, an wen Verantwortung für unser Gemeinwesen delegiert wird. Sie sind es auch, die diese Verantwortung wieder in die eigenen Hände nehmen müssen, wenn die Delegierten sie nicht mehr wahrnehmen, wenn sie eben keine Entscheidungen treffen, die dem Wohlergehen unseres Gemeinwesens dienen. Bislang müssen wir noch keine *Bürgertauglichkeits-*

prüfung absolvieren, keinen *Bürger-TÜV* durchlaufen. um diese Verantwortung zu tragen. Auch haben wir noch keine Wahl*pflicht* eingeführt – und das aus gutem Grund: nur wenn der Einzelne von sich aus bereit ist, unsere politische Ordnung zu tragen und Verantwortung zu übernehmen, kann ein demokratisches Gemeinwesen überhaupt bestehen. Wie wir also selbstverständlich auf diese Bereitschaft setzten, genauso selbstverständlich ist er Bürger, ohne irgendeine Pflicht zur Leistung erfüllen zu müssen. Er ist es leistungslos und zweckfrei, einfach Bürger um des Bürgerseins willen. An diesem Selbstverständnis unserer politischen Ordnung wird deutlich, worauf wir schon lange setzen, ohne ernsthaft daran zweifeln zu können: Ohne die Loyalität der Bürger, ihre Bereitschaft, sich an das Gemeinwesen zu binden, funktionierte in unserem Land gar nichts.

Arbeit ist der höchste Zweck

Wenn es also nicht um politische Freiheit gegangen ist und noch nicht geht, was steht dann im Zentrum der so genannten Reformen der vergangenen Jahre? Es ist die Erwerbstätigkeit, ein Gemeinwesen der Erwerbstätigen, der Werktätigen, war und ist ihr Ziel. Der größte Verlust für denjenigen, der heute arbeitslos wird, ist nicht einmal das Einkommen, wenn es auch schwer wiegt. Er wird – und das ist das zerstörerische Moment – hinausgedrängt, steht mit dem Rücken zur Wand, weil er nach unserem Verständnis keinen Beitrag zum Gemeinwohl leistet. Seit langem schon wissen wir um diese Wirkung, sie lässt sich einfach erklären: Nach unserem Dafürhalten leistet nur derjenige etwas, der einer Erwerbsarbeit nachgeht. In unserem Ordnungsgefüge und den Gewährungsbedingungen für Transferleistungen kommt dies klar zum Ausdruck. Dabei geht es nicht einmal zuallererst darum, *was* der Einzelne leistet, entscheidend ist vielmehr, *dass er überhaupt arbeitet,* dass er also Lohn für Leistung erhält, das ist zum Selbstzweck geworden: *Arbeit statt Leistung* ist die Maxime, die unser Land regiert.

Leicht lässt sich ausmalen, wer unter dieser rigiden Politik am meisten leidet, wer am wenigsten mit diesem Druck umgehen, ihm durch innere Anstrengung widerstehen kann: diejenigen, deren Chancen am Arbeitsmarkt besonders schlecht sind und deren Lebensgeschichte in vieler Hinsicht mehr eine Leidens- denn eine Gelingensgeschichte ist. Gerade weil ihre Autonomie fragil, ihr Selbstvertrauen schwach ist, trifft sie die *Arbeitshauspolitik* am stärksten. Letztlich aber, das wird allzuoft unterschätzt, trifft sie alle. Denn für jeden gilt im Prinzip, was nur einige bislang getroffen hat, aber jeden treffen kann. Das Gemeinwesen als Ganzes wird zum Arbeitshaus, dessen Maximen uns Bürger leiten sollen. Was darin keinen Platz hat, was nicht Arbeit ist, gilt nichts. Für bürgerschaftliches Engagement und Familienfürsorge ist darin kein Platz, auch wenn das Gegenteil behauptet wird. Aus der Gemeinschaft der Bürger haben wir eine der Werktätigen gemacht, heute mehr denn je.

Wer kommt mit diesem Misstrauen noch am ehesten zurecht? Es sind diejenigen, die ihm selbstbewusst begegnen können. Ein Selbstbewusstsein, das sie dazu befähigt, erwächst aus einer bedingungslosen Anerkennung des Individuums, auch in seiner Schutzbedürftigkeit, wie Kinder sie durch ihre Eltern erfahren. Diese Erfahrung als Bindung an Personen ist es, an der sich der Einzelne bildet, sie ist es, die ihn dazu ermuntert, die Welt zu erkunden und Neues zu schaffen. Dasselbe gilt für ein politisches Gemeinwesen, denn erst eines, das das Individuum um seiner selbst willen anerkennt, macht mit einer Kultur der Freiheit, die die Kehrseite bedingungsloser Anerkennung ist, ernst.

Doch all dies, so könnte man meinen, hat die öffentliche Diskussion beinahe vollkommen aus den Augen verloren. Statt Freimut, wie mein Mitstreiter Thomas Loer dies nennt, zu fördern, dem Einzelnen Möglichkeiten zur Entfaltung zu geben, wird er von der Arbeitshauspolitik erdrückt. Was sie mit der Knute erzwingen will, zerstört sie. Das Versagen der Arbeitsmarktpolitik der vergangenen Jahre darin begründet zu sehen, dass sie Leistungsbereitschaft gerade untergräbt, weil sie meint, den Einzelnen kontrollieren und antreiben zu müssen, darauf sind die Verfechter der aktivierenden Sozialpolitik und die Anreiztheoretiker noch nicht gekommen.

Gründet der Wohlstandszuwachs der vergangenen Jahrzehnte doch gerade darin, den Geist der Neuerung und des Engagements gestärkt zu haben, herrschte in den vergangenen Jahren eine Mentalität vor, die im Untertanenstaat am ehesten ihren rechten Platz hätte. Von der Verantwortung für diese Entwicklung ist kaum jemand freizusprechen – *die da oben*, wie es heißt, sind wir ja selbst. Beklagen wir deren Borniertheit, müssen wir zugleich unsere Duldsamkeit kritisieren. Erfahrungen, die ich in zahlreichen Diskussionen der vergangenen zwei Jahre gemacht habe, sprechen eine deutliche Sprache: Überall schlägt einem das Misstrauen gegen den Einzelnen entgegen, bei Befürwortern wie Kritikern der Reformpolitik gleichermaßen. Es scheint ein Misstrauen zu sein, das dem Misstrauen gegen sich selbst entspringt.

In einer bildungsbürgerlich-elitären, durchaus im Akademischen anzutreffenden Variante besteht dieses Misstrauen vor allem gegen die so genannten Ungebildeten. Diese eher vormoderne Haltung paart sich mit einer technokratisch-expertenhaften, wie wir sie z.B. auch im Fernsehen beobachten können. Sachverständige bescheiden sich dort nicht darauf, zu bestimmten Fragen eine Expertise abzugeben; sie gehen meist so weit, über das, was gewollt sein müsse, zu befinden. Doch darüber, was gewollt ist, entscheiden wir – die Bürger; den Experten bleibt die Einschätzung, welche Folgen das Gewollte haben könnte. Sowohl die bildungsbürgerliche als auch die technokratisch-expertenhafte elitäre Haltung unterlaufen beide den öffentlichen pluralistischen Streit. Er ist aber unerlässlich, damit die Bürger sich eine Meinung über Entscheidungen und Lösungsvorschläge bilden können. Was progressiv daherkommt, bedeutet Entmündigung. Diese elitäre Vermessenheit, die die Welt in Sachverständige und Amateure einteilt, hält jedes Zertifikat für bedeutender als Argumente, anhand derer sich jeder selbst überzeugen könnte. Der Glaube an zertifiziertes Wissen spricht den Bürgern letztlich ihre Urteilsfähigkeit ab. In welch engen Bahnen sich die politische Debatte bewegt, lässt sich an den maßgeblichen Vorschlägen ablesen, die seit Jahren hin- und hergeschoben werden. Wir können sie – bei allen Modifikationen – in zwei Lager einteilen.

Die einen plädieren für die Verbilligung von Arbeitskraft durch Absenkung von Löhnen und Transferleistungen. Einfache Dienstleistungen sollen wieder attraktiv und bezahlbar werden. Nicht selten verbindet sich dieser Vorschlag mit der moralisierenden Kritik, die «Deutschen» seien sich zu fein geworden, um solche Tätigkeiten noch zu ergreifen. Druck helfe am besten gegen ein undiszipliniertes Leben. Diese Vorschläge verbinden sich seit kurzem auch mit dem Plädoyer, die Nutzung von Automaten durch eine Absenkung der Löhne weniger attraktiv zu machen. Charakteristisch ist die Vorstellung, dem Individuum müsse eine Karotte vor die Nase gehalten werden, damit es sich aufraffe. Wo kein Anreiz, so ein verbreitetes Vorurteil, entwickele sich keine Aktivität.

Die anderen hingegen halten diese Lösung für ungerecht angesichts der wirtschaftlichen Erfolge der vergangenen Jahrzehnte, die nicht nur in einer stetigen Zunahme von Wertschöpfung, sondern in der zugleich erreichten Verringerung des Arbeitsvolumens (in Jahresarbeitsstunden) resultierte. Aus diesem Grund plädieren sie für eine Umverteilung des Arbeitsaufkommens, um jedem eine gerechte Teilhabe an Arbeit zu sichern. Es geht hierbei nicht in erster Linie um Einkommenssicherung, die auch anders zu erreichen wäre. Die Verfechter dieses Vorschlags erkennen in bezahlter Arbeit ein knappes Gut, weil sie der Überzeugung sind, der Mensch werde nur durch Arbeit zum Menschen. Darüber hinaus sichere nur eine Arbeitsverpflichtung, dass auch jeder seinen Beitrag leiste. Statt Freiheit zu ermöglichen, soll Freizeit vermehrt werden.

Beide Vorschläge sehen vollkommen davon ab, worin die Grundlage eines jeden produktiven Engagements besteht: im freiwilligen Entschluss. Gegenüber denjenigen, die glauben, nur Druck und Zwang führe zu Leistung, erscheint die Arbeitsumverteilung vermeintlich progressiv. Beide aber misstrauen gleichermaßen in die Bereitschaft der Bürger, ihren Beitrag von sich aus leisten zu wollen. Für beide also ist Arbeit Mittel zur Disziplinierung, sie wird nicht mehr an ihrem Erzeugnis gemessen.

Wundern kann uns dieses Maß an Überzeugung nicht, denn die so genannten Hartz-Gesetze hatten die Stimmen aller politischen Kräfte auf sich vereinigt; erst seit der letzten Bundestagswahl werden sie von «Die Linke» (WASG und PDS) deutlich kritisiert. Aber auch sie sind keine Befürworter eines bedingungslosen Grundeinkommens, sieht man vom Engagement einzelner Personen innerhalb der Partei ab. Wollen wir uns klarmachen, wie weit die Bürgerverleugnung geht, müssen wir uns nur die Sprachpolitik seit einigen Jahren in Erinnerung rufen. Wer heute Transferleistungen bezieht, wird zum *Kunden* der Arbeitsagenturen erhoben. Wohlgemerkt ein Kunde, der keine Wahl hat, auf diese Dienstleistung zu verzichten, will er nicht seinen Unterhalt verlieren. Sie wissen vielleicht nicht, dass die Arbeitsagenturen diese Kunden einladen, bei ihnen vorzusprechen. Schöne Einladungen sind das, auf deren Rückseite sie über die Sanktionen belehrt werden, die folgen, wenn sie die Einladung nicht annehmen; sie sind wahrlich Vorladungen, und Hartz IV, wie Götz Werner einmal sagte, hat große Ähnlichkeiten mit offenem Strafvollzug.

Weshalb sollten wir denn Erwerbsarbeit überhaupt subventionieren, die wir offenbar nicht benötigen? Warum Automatisierungspotenziale nicht nutzen, wenn wir die Möglichkeiten haben, noch mehr Arbeitsplätze abzubauen? Ein Verzicht auf Automatisierung würde ja dem Verzicht auf einen Zugewinn an Freiheit gleichkommen. Dies kann nur wollen, wer in der Schaffung bzw. Erhaltung von Arbeitsplätzen ein höheres Gut erkennt als in der Förderung von Leistung und Befreiung von Arbeit.

Das Vollbeschäftigungspostulat hat schon zahlreiche Resultate gezeitigt, mit denen wir uns heute konfrontiert sehen. Halten wir an ihm fest, müssen wir von Unternehmen verlangen, Automatisierungschancen nicht zu nutzen. Inwiefern sie schon heute gar nicht ausgeschöpft werden, ist schwer zu sagen, ihre Möglichkeiten sieht, wer mit offenen Augen durch die Welt geht. Jeder Verzicht auf Automatisierung entwertet Leistung – denn Automatisierungschancen sind selbst Resultat von Leistung.

Meinen wir es mit der Freiheit ernst, dann müssen wir dem Einzelnen so viele Entscheidungen wie möglich und vernünftig überlassen. Wirklich und lebendig ist Freiheit nur dort, wo Möglichkeiten eröffnet sind, die der Einzelne ergreifen kann. Ob er sie aber ergreifen wird, das wissen wir nie, was uns wieder dahin zurückkehren lässt, worauf unser Gemeinwesen sich schon heute viel mehr gründet, als wir wahrhaben wollen: auf das Vertrauen in den Einzelnen. Mehr können wir durch politische Entscheidungen nicht erreichen, als Entscheidungsmöglichkeiten, d.h. Freiraum, zu schaffen; vom Einzelnen hängt ab, was er damit unternimmt.

Um nun abschließend deutlich zu machen, wie wir uns mittels eines bedingungslosen Grundeinkommens manchem unserer Probleme entledigen könnten, wie Freiheit statt Vollbeschäftigung uns in die Zukunft führte, möchte ich mögliche Veränderungen skizzieren, die ein Grundeinkommen eröffnet.

Freiheit statt Bevormundung

Ein bedingungsloses Grundeinkommen wird jedem Bürger von der Wiege bis zur Bahre zu jeder Zeit gewährt, Erwachsenen wie Kindern gleichermaßen. Es tritt an die Stelle aller bisherigen Transferleistungen, wird nicht mehr kontrolliert. Weder müssen Anträge gestellt noch Bedürftigkeiten geprüft werden. Eine Gegenleistung wird nicht verlangt. Alle durch unser heutiges Sozialsystem erzeugten Stigmatisierungseffekte werden dadurch aufgehoben. Ein solches Grundeinkommen eröffnet eine grundsätzliche Wahl: Was auch immer der Einzelne für sinnvoll erachtet, er hat die Freiheit dazu, ihm nachzugehen. Ein permanentes Bemühen um die Wiederaufnahme einer Erwerbstätigkeit ist auf dieser Basis weder finanziell notwendig noch verpflichtend.

Vertrauen in die Bereitschaft des Einzelnen, seinen Beitrag zu leisten, wird zum Maßstab allen Handelns. Indem wir uns so als Bürger stärken, stärkt das Grundeinkommen unser Gemeinwesen. Je höher das bedingungslose Grundeinkommen ist, desto mehr fördert es die Freiheit, Verantwortung im Gemeinwesen zu übernehmen.

Familie und Bildung

Alle heute noch praktizierte Familienpolitik lassen wir damit hinter uns. Familien zu unterstützen geschieht um ihrer selbst willen. Ein pro Kopf gewährtes Grundeinkommen sichert eine Familie ab, verfügt sie doch über so viele Einkommen, wie sie Angehörige zählt. Eltern können sich frei entscheiden, ob sie für ihre Kinder zu Hause bleiben oder, dem heutigen Diktum folgend, den beruflichen Erfolg an erste Stelle setzen und ihre Kinder verhältnismäßig früh Betreuungseinrichtungen überlassen wollen. Auch dazu haben sie die Freiheit.

Jugendliche sehen sich heute erheblich unter Druck gesetzt. Die Eltern, die Schule und die öffentliche Diskussion wirken auf sie ein: Eine Lehrstelle sollen sie jedenfalls suchen, zimperlich dürfe man nicht sein, besser irgendeine Lehrstelle als keine. Schon der Kindergarten solle, nach der Vorstellung mancher, auf das Berufsleben vorbereiten, Zertifikate werden zum Selbstzweck. Wir fördern nicht die ernsthafte Auseinandersetzung mit einer Sache, mit einer Aufgabe, mit einer Herausforderung, sondern verlangen eine kurzfristige Orientierung am Arbeitsmarkt – obwohl wir genau wissen, dass sie nicht eines unserer Probleme löst.

Dieser Druck ist der Feind des Wagnisses und der Bereitschaft, das Bekannte, die Routine hinter sich zu lassen und unsichere Wege zu beschreiten. In der Zukunft wird es noch bedeutsamer sein als zuvor, dass der Einzelne für das, wofür er sich entscheidet, eine Leidenschaft empfindet. Nur diese Leidenschaft erlaubt es ihm, ein wirklich freiheitliches Leben zu führen und den steigenden Anforderungen auch im Beruf gewachsen zu sein.

Das Grundeinkommen adelt zur Muße, was heute als Herumtrödelei beklagt wird. Herauszufinden, worin die eigenen Stärken liegen, dazu werden Jugendliche ermuntert. Wofür sie auch immer sich dann interessieren, entscheidend ist, dass sie es wirklich wollen – dazu geben wir ihnen die Möglichkeit. Finanziell sind sie versorgt, können sorglos von zu Hause ausziehen und ihren Weg gehen. Wer diese Chance nicht ergreift, hat es selbst zu verantworten, was heute gerne auf die anderen geschoben wird. Unsere Zukunft ist die Zukunft durch unsere Kinder – das Grundeinkommen macht damit ernst.

Wir befreien den Einzelnen davon, sich unbedingt für den Arbeitsmarkt zu qualifizieren und Interessen nur dann zum Lebensmittelpunkt zu erheben, wenn sie in einen Beruf münden. Der Neugierde nachzugeben und nachzugehen kann Maxime des Lebens werden. Sie ist die Voraussetzung für ein Denken und Handeln, das ins Unbekannte vorstößt. Das Unbekannte zu erkunden sollte die Maxime sein, auf der unser Bildungswesen ruht. Dazu gehört auch eine Abschaffung der allgemeinen Schulpflicht, die den Eltern ein Misstrauen entgegenbringt und die die Lehrer zu Kontrollagenten des Staates degradiert. Befreit von dieser Kontrollaufgabe ist es einfacher, geburtshelferisch zu lehren und dadurch Schülern Erfahrungen zu eröffnen.

Voraussetzung für einen solchen Umbau ist Vertrauen: Vertrauen in die Eltern, dass sie schon das Richtige für ihre Kinder unternehmen werden, wo wir ihnen Möglichkeiten geben. Statt einer Politik zu folgen, die die «Lufthoheit über den Kinderbetten» erobern will, sollten wir diesen Umbau ermöglichen.

Unternehmen und Mitarbeiter

Organisationen, öffentliche wie private, sind dann veranlasst, um Mitarbeiter zu werben. Gute Arbeitsbedingungen zu bieten wird dann zu einer Selbstverständlichkeit, um für diejenigen interessant zu sein, die einen Beruf ergreifen. Mitarbeiter sind kostbar, denn wer arbeitet, unternimmt dies aus freien Stücken, muss besonders motiviert sein. Mitarbeiter würden durch das bedingungslose Grundeinkommen abgesichert, es verschafft ihnen Verhandlungsmacht. Arbeitsbedingungen, Arbeitszeiten und Abfindungsregelungen frei auszuhandeln, dazu ist der Einzelne aufgefordert; ein Renteneintrittsalter benötigen wir nicht mehr. Radikal und vorausschauend zu automatisieren ist erwünscht, Unternehmen werden daran gemessen, ob sie diese Chance ergreifen. Menschliche Arbeitskraft zu schonen und Lebenszeit zu gewinnen ist keine Bedrohung mehr, sie wird zum Ziel.

Mannigfaltige Auswirkungen wird das Grundeinkommen haben, von denen nur einige der wichtigsten schon benannt wurden. Löhne könnten im Gefolge ebenso steigen wie sinken, dies hinge ganz von den Verhandlungen zwischen Unternehmen und Mitarbeitern ab. Da das Grundeinkommen bedingungslos zu jeder Zeit gewährt würde, wäre es möglich, dass Löhne im Allgemeinen sinken, denn sie sind von der Funktion der Existenzsicherung befreit, die sie heute erfüllen. Ebenso könnten sie steigen, wo sie heute unverhältnismäßig niedrig sind. Insgesamt wird durch das Grundeinkommen erst ein wirklicher Arbeitsmarkt entstehen, die Stimmung in den Unternehmen wird sich wandeln, da Mitarbeiter ebenso wenig finanziell unter Druck gesetzt werden können oder sich selbst unter Druck setzen wie Unternehmen aus sozialfürsorgerischen Überlegungen Entlassungen aufzuschieben oder gar zu unterlassen brauchen.

Unproduktive Industrien und Wirtschaftszweige müssen nicht weiter aus politischen Überlegungen der Sozialverträglichkeit aufrechterhalten werden. Subventionen, die heute in Branchen fließen, um sie künstlich marktfähig zu halten, und deren Gewährung an eine Gegenleistung gebunden ist, stehen für andere Bereiche zur Verfügung. Überhaupt nehmen Subventionen einen anderen Charakter an. Während ein landwirtschaftlicher Betrieb heute zweckgebundene Subventionen erhalten kann, wird das Grundeinkommen, obwohl es keine landwirtschaftliche Subvention darstellt, sich mittelbar wie eine solche auswirken. Landwirte können womöglich auf die zweckgebundenen Subventionen verzichten, weil das Grundeinkommen sie davon befreit.

Engagement, Anerkennung, Vertrauen

Nur das Grundeinkommen eröffnet eine radikale Entscheidungsmöglichkeit. Dieser Freiheit entspricht eine Verantwortungszumutung: Ganz gleich, wofür man sich entscheidet, es muss eine vernünftige Antwort auf die Chance der Freiheit darstellen. Denn mit der Entscheidung der Gemeinschaft, die Freiheit der Bürger zu stärken, geht auch eine Verpflichtung einher: Die Freiheitschancen müssen vernünftig genutzt werden. Worin aber eine vernünftige Nutzung besteht, ist nicht vorherbestimmt. Ob im Beruf, dem bürgerschaftlichen Engagement oder in der Familie, jeder muss darüber selbst befinden.

Ein bedingungsloses Grundeinkommen hat eine entscheidende Voraussetzung: Wir müssen in die Gemeinwohlbindung unserer Bürger vertrauen. Wir müssen darauf vertrauen, dass der Einzelne seinen Beitrag leisten will. Dies ist schon heute die Grundlage unserer Ordnung, von daher also ist ein Grundeinkommen eine konsequente Fortentwicklung dessen, was wir gegenwärtig schon haben, und zugleich ein Schritt in die Zukunft, ein Schritt in eine andere Freiheit. ■

Überarbeitete Vortragsfassung anlässlich des Symposiums «Grundeinkommen: bedingungslos», das von Götz W. Werner an der Universität Karlsruhe am 23. und 24.2.2006 veranstaltet wurde. Vorabdruck aus dem Tagungsband *Grundeinkommen: bedingungslos* zum oben genannten Symposium; dieser Band wird Ende 2006 im Universitätsverlag Karlsruhe erscheinen.

Sascha Liebermann, geb. 1967, Dr.phil. (Soziologe) ist einer der Gründer der Initiative «Freiheit statt Vollbeschäftigung» (www.freiheitstattvollbeschaeftigung.de). Er ist wissenschaftlicher Assistent an der Wirtschafts- und Sozialwissenschaftlichen Fakultät der Universität Dortmund.

REAKTIONEN

Antworten von Götz Werner und Benediktus Hardorp auf ihr Interview im *Bankspiegel*

Im Bankspiegel 1/2006 stellten Götz W. Werner und Benediktus Hardorp ihre Idee zum bedingungslosen Grundeinkommen vor (siehe S. 46 ff.). Die Redaktion fasste anschließend die wichtigsten Fragen und Einwände aus den vielen Leserbriefen zusammen und bat die beiden Interviewpartner um Antworten.

Einwand: Im Bankspiegel-Gespräch stellen Sie fest, dass Reiche in der Regel einen kleineren Anteil ihres Vermögens für den Konsum ausgeben als Ärmere. Bei einer Umstellung des Steuersystems auf eine Konsumsteuer würde das dazu führen, dass die Tendenz der Vermögenskonzentration weiter beschleunigt würde. Die Kunst der Steuergesetzgebung ist aber doch, einerseits Privatinitiative attraktiv zu machen, andererseits zu starke Kapitalkonzentration zu verhindern.
Antwort: Menschen mit hohem Einkommen geben in der Regel einen relativ kleineren Anteil ihres Geldeinkommens für Konsum aus als Menschen mit geringem Einkommen. Absolut werden die Konsumausgaben von Menschen mit höherem Einkommen größer sein. Je höher das Geldeinkommen, desto eher wird es für Güter und Dienstleistungen ausgegeben, die über den Grundbedarf hinausgehen. Unsere deutsche Umsatzsteuer ist so gestaltet, dass Verbrauchsausgaben für den Grundlebensbedarf niedriger besteuert werden (7 Prozent) als andere (zurzeit 16 Prozent). Es ist also eine Frage der Gestaltung der Steuersätze – ihrer Höhe

und Differenzierung –, wie sehr hohe oder niedrige Einkommen besteuert werden. Die Meinung, unser Steuerwesen sei dazu da, Kapital- und Vermögenskonzentrationen zu begrenzen oder zu verhindern, greift zu kurz. Für große Investitionsvorhaben muss auch ausreichend Kapital vorhanden sein. Die Frage ist jedoch, wie dessen Eigentum geregelt wird: «Eigentum verpflichtet», sagt unser Grundgesetz. Es besteht sicher ein Nachholbedarf in der Ausgestaltung der gesellschaftlichen Eigentumsverfassung. Letztlich geht es darum, ob es Aufgabe des Staates ist, die durch die Einkommenszumessung kreierten Unterschiede wieder «gerecht» einzuebnen.

Einwand: Mit der grundsätzlichen Aufhebung der Einkommenssteuer würden auch die Steuern auf Unternehmens- und Kapitaleinkünfte wegfallen. Damit hätten Großverdiener und Kapitalbesitzer noch höhere verfügbare Einkommen als bisher, denn allein die erhöhten Konsumsteuern würden diesen Zuwachs nicht ausgleichen.
Antwort: Die angestrebte Umstellung des Steuerwesens von der nominellen Einkommensbesteuerung auf die Besteuerung des Verbrauchs – besser: des Realeinkommens – orientiert sich nicht an den Quellen des nominellen Einkommens, sondern an dessen Verwendung, also nach der Inanspruchnahme von Leistungen aus der gesellschaftlichen Wertschöpfung. Unser Steuervorschlag richtet sich nach drei Aspekten: 1. Was gibt der Einzelne zur Erlangung seines Realeinkommens aus (das andere für ihn erbringen!)?, 2. Was investiert er in die Schaffung von Wertschöpfungsinstrumenten (Arbeitsplätze)? 3. Was überträgt er von seinem Geldeinkommen an Dritte (z. B. als Schenkung)? Das Erste wird bei ihm als Konsum besteuert, das Zweite bleibt unbesteuert, weil es zur Schaffung von Wertschöpfungsinstrumenten beiträgt, das Dritte wird von dem versteuert, der dieses Transfereinkommen erhält.

Einwand: Die genannten 720 Mrd. Euro heutiger Transferleistungen können doch nur insoweit zur Finanzierung eines Grundeinkommens verwendet werden, als sie aus Steuermitteln stammen. Dazu gehören z. B. Sozialhilfe und Kindergeld. Bei der gesetzlichen Rentenversicherung zahle ich doch Beiträge gegen Leistungsansprüche.
Antwort: Es geht uns ja um die Umformung der bisherigen Transferleistungen in ein einheitliches Grundeinkommen. Die gegenwärtigen Transferleistungen stammen entweder aus dem Steueraufkommen oder aus gesetzlich verordneten Abgaben (Rentenversicherung, Arbeitslosenversicherung). Für uns Bürger macht es letztlich keinen Unterschied: Das Geld wird zwangsweise erhoben. Es muss möglich sein, alles, was bisher schon an Transferleistungen (Grundeinkommenselementen) vorhanden ist, in eine neue, einfachere Form zusammenzuführen. Zu dem bisherigen System haben wir uns auch einmal entschlossen, also können wir uns auch für ein anderes System entscheiden.

Einwand: Wenn Sie Geld über die Konsumsteuern einnehmen wollen, steigen die Lebenshaltungskosten, und die Grundsicherung muss höher sein als heute. Viele würden dann ihre Einkäufe im Ausland machen oder Produkte im Internet aus dem Ausland bestellen.
Antwort: Die Lebenshaltungskosten würden durch die Umstellung des Steuersystems nicht steigen, weil die höhere Konsumsteuer durch die wegfallende Ertragsbesteuerung ausgeglichen wird: Aus den Preisen bzw. Kosten der Produkte werden einerseits die nicht mehr erhobenen Unternehmenssteuern verschwinden, andererseits würde kaufkräftiges Geldeinkommen nicht vor dem Konsum durch Steuern abgeschöpft, sodass das Gesamtpreisniveau im Wesentlichen stabil bleiben kann In diesem Umstellungsprozess des Steuerwesens befinden wir uns im Übrigen bereits. Bei

unterschiedlichen Steuersystemen in der EU kann es kleine Unterschiede beim Einkauf «hinter der Grenze» – unter Beachtung der höheren Reisekosten – geben. Größere Einkäufe müssen an der Grenze wie bisher nachversteuert werden («Einfuhrumsatzsteuer»). Bei einer Bestellung im Internet unterliegt die Ware der gleichen Einfuhrbesteuerung nach inländischen Maßstäben.

Einwand: Obwohl ich sehr gut verdiene, würde ich durchaus erwägen, nicht mehr zu arbeiten, wenn ich ein Grundeinkommen beziehen könnte. Vermutlich würden dies auch andere tun. Damit erodiert die wirtschaftliche Basis: Wenn keine Wertschöpfung entsteht, können auch keine Steuern erhoben werden.
Antwort: Wer an der gesellschaftlichen Wertschöpfung, der produktiven Eingliederung seiner Fähigkeiten in das menschliche Gesellschaftsleben, nicht teilnehmen und es sich stattdessen lieber «bequem» machen möchte, der soll es tun. Solche Menschen gibt es auch heute bereits; sie lähmen die Arbeit der anderen. Andererseits gibt es sehr viele vor allem ältere Menschen, die sich gerne nützlich betätigen und sich dadurch wieder in das gesellschaftliche Leben eingliedern würden. Es gibt in unserer Welt für jeden Aufgaben und Beschäftigung, der Initiative hat. Entweder setzen wir durch das Grundeinkommen zusätzliche Initiative frei und erringen dadurch gesellschaftliche Wohlstandsgewinne, oder wir müssen uns auf den alles kontrollierenden Verwaltungsstaat des «großen Bruders» einstellen. ■

Bankspiegel. *Zeitschrift für ein modernes Bankwesen*, 2/2006, Heft 197: Zukunft gestalten – Visionen leben.

Leserbriefe aus der Stuttgarter Zeitung vom 12.7.2005

Werners Thesen

Götz Werner, der Gründer der Drogeriemarktkette dm, hat im Interview mit der *Stuttgarter Zeitung* am 2. Juli ungewöhnliche Thesen aufgestellt. Laut Werner hat die Wirtschaft die Aufgabe, die Menschen von der Arbeit zu befreien. Er fordert die Einführung eines bedingungslosen Bürgergeldes, außerdem die Abschaffung sämtlicher Steuern bis auf die Mehrwertsteuer. Diese könne bis zu 48 Prozent betragen.

Kulturkrise

Bravo! Endlich spricht ein Unternehmer aus, dass die industrielle Fertigung durch den Einsatz besserer Mittel Arbeitskräfte erspart und damit den Menschen entlastet. Wir bekommen Warenüberfluss und Arbeitsmangel! Grandios sind auch Herrn Werners Vorschläge, durch ein Bürgergeld für jeden vom Staat die Grundbedürfnisse der Menschen zu decken, die Mittel dafür aus der auf 50 Prozent angehobenen Mehrwertsteuer aufzubringen, alle anderen Steuern abzuschaffen und die bezahlte Arbeit als einen positiven Lebenswert und als erstrebenswertes Gut zur Sinnerfüllung des Lebens zu sehen. Der Klassenkampf liegt hinter uns. Es wird aber ein neues Denken erforderlich sein und es wird eine Kulturkrise entstehen, denn die Menschheit muss sich auf diesen Paradigmenwechsel erst ethisch-moralisch einstellen. Das ist eine große Aufgabe von Politik und Gesellschaft, und sie wird nur im Zusammenspiel aller Kräfte erfolgreich zu lösen sein. *H. M., Stuttgart*

Auf den Punkt

Dank an die *Stuttgarter Zeitung*, dass sie so etwas überhaupt veröffentlicht. Endlich wagt es eine prominente Persönlichkeit, die Problematik auf den Punkt zu bringen und aufzuzeigen, warum das heutige Denken bei allen politischen Richtungen und weit gehend auch in Wissenschaft und Wirtschaft nicht aus der Krise führen kann. Wachstum durch Werbung geht im gesättigten Markt eben nicht. Warum wird der Gedanke an ein Bürgergeld so zaghaft verfolgt? Wahrscheinlich wird man Herrn Dr. Werner vielfach belächeln und als Fantast abtun, wenn man nicht auf die alte biblische Empfehlung achtet: «Ändert euren Sinn!» *R. H., Aichwald*

Neues denken

In Zeiten, wo Rat- und Konzeptlosigkeit das vorherrschende Merkmal politischer und wirtschaftlicher Kreise ist, welch dankbarer Augenblick: Ein Unternehmer versucht durch ungewöhnliches Denken Neues zu denken! Das immer besserwisserische Rudel bekannter Beharrungsdenker fällt mal wieder über eine Idee her. Haben diese grauen Männer oder Frauen uns nicht an den Abgrund gebracht, an dem wir heute stehen? Was wir einfachen Menschen wissen, ist, dass es mit dem alten System nicht mehr lange geht. Kann man das Neue nicht einfach prüfen, diskutieren, abwägen und probieren? *M. W., Gerlingen*

Weg in die Zukunft

Die Tatsache, dass es jetzt und zukünftig Millionen nicht arbeitender Menschen gibt, sollte die Politik bei ihren Wirtschafts-

und Sozialprogrammen berücksichtigen, anstatt ständig gebetsmühlenartig zu wiederholen, mit allen möglichen ungeeigneten Mitteln die Arbeitslosigkeit bekämpfen zu wollen. Wo steht eigentlich geschrieben, dass Arbeit das allein Seligmachende ist? Die Ausführungen von Götz Werner treffen den Nagel auf den Kopf, und das vorgeschlagene Bürgergeld ist ein Schritt in die richtige Richtung. Das geht allerdings nur langsam. Daher ist die stufenweise Erhöhung der Mehrwertsteuer bei gleichzeitiger Entlastung anderer Steuern ein Baustein auf dem Weg in die Zukunft. *R.-J. M., Kornwestheim*

Eliten gefragt

Werner ist nicht nur ein fähiger Unternehmer, sondern er macht sich auch Gedanken über die Zukunft der Menschen. Das ist ein Lichtblick im deprimierenden Umfeld voller Kurzdenker. Er nennt eine mögliche Lösung des Problems: das Bürgergeld und als kulturelle Grundlage dazu eine neue Auffassung von Arbeit. Damit wäre zugleich die unerträgliche Entwicklung gestoppt, dass immer mehr Menschen nicht nur als Arbeiter, sondern auch als Verbraucher ausscheiden, während in allen Bereichen der Gesellschaft die Notstände exponenziell wachsen. Statt lässiges Abtun unkonventioneller, systemverändernder Ideen wäre ernsthafte Befassung angesagt, aber dazu bräuchte es wahre Eliten, das ist unser größter Mangel. *J. D., Stuttgart*

Schneise schlagen

Den Wirtschaftsteil der Zeitungen zu lesen ist nicht gerade «das Ding» meiner Frau und mir. Eine sehr angenehme Ausnahme bildete das Interview mit Götz Werner. Vielleicht hing es auch am Stil (Interview, nicht Sachartikel). Auch wenn man, die Finanz- und Steuerfachleute sicherlich, hie und da – oder auch grundsätzlich – anderer Meinung sein sollte: warum schafft es unsere politische Führung nicht, endlich eine Schneise in den Steuer- und Gesetzesdschungel zu schlagen, die den Weg für alle, die als Arbeitnehmer, Unternehmer und so weiter damit leben (müssen), gangbar macht? Man kann nur hoffen, dass die sich abzeichnende große Koalition es parlamentarisch in Bund, Ländern und auf kommunaler Ebene schafft um Deutschlands und aller seiner Bewohner willen. Diese warten sehnlichst darauf.

B. G.-M., Dr. G. M., Neuffen

Mauern um Deutschland

Problematisch sind die Aussagen von Herrn Werner, wenn man eine globale Brille benutzt. Die Kernaussage, dass «wir heute in der Lage sind, weit mehr zu produzieren, als wir sinnvoll verbrauchen können», muss dahingehend hinterfragt werden, was oder wer mit «wir» gemeint ist. Wir «kaufen» ein Kilo Bananen im Herstellungsland für drei und den Kaffeeinhalt für eine Tasse für einen Cent. Wir haben uns nun einmal in vielen Bereichen an einer Austauschrelation mit der Dritten Welt von einer gegen tausend Stunden an Arbeit gewöhnt. Auch bei Textilien und Schuhen aus China sind die eigentlichen Nutznießer die Markenartikelmultis und wir Verbraucher. China und Indien für die Probleme verantwortlich zu machen und ihre Exporte über eine hohe Einfuhrsteuer zu bremsen wäre Abschied von der freien Marktwirtschaft.

Auch ein Bürgergeld von 1500 Euro kann einer Prüfung nicht standhalten. Wir akzeptieren, dass über die Hälfte der Menschheit mit weniger als zwei Dollar Tag für Tag auskommen muss, mitunter sogar nur mit 10 Cent. Innerhalb der zu errichtenden Mauern um Deutschland herum soll aber jeder Arbeitslose pro Tag etwa 60 Dollar zur Verfügung haben. Im Ergebnis dürfen Finanzströme ungehindert durch die Welt fließen.

Güterverkehr soll im nationalen Interesse je nach Wunsch über die Einfuhrsteuer gebremst werden können. Der Rest der Welt wird daran gehindert, seine Zelte in Deutschland aufzuschlagen, wo das Geld auf der Straße liegt. Wird eine solche Welt regierbar sein?

H. S., Stuttgart

Ideen schnell realisieren

Das Interview mit Herrn Werner macht Fakten deutlich. Der Einsatz neuer Technologien in unseren Unternehmen hat die Reduzierung der Arbeitsplätze zur Folge. Ist das eine neue Erkenntnis? Nein. Oder spricht sie Werner erstmals klar aus? Vielleicht erleben wir einen spannenden Wandel in unserer Volkswirtschaft und erkennen leider die darin liegenden Möglichkeiten nicht, weil wir uns krampfhaft am «Alten» festhalten?

Wenn wir immer weniger Arbeitsplätze haben, wie gestalten wir diese freie Zeit? Im Liegestuhl vor dem Fernseher, wie in der Karikatur? Spielen wir mit der Annahme, unser Lebensunterhalt wäre finanziell gesichert. Was bietet das an neuen Chancen? Vielleicht wären viele Menschen bereit, Aufgaben (zum Beispiel im Dienstleistungsbereich) mit Freude zu übernehmen, die heute nicht «bezahlbar» sind? Ich stimme Werner zu, wir sollten stolz sein auf die Leistungen unserer Wirtschaft und mit Kreativität die neuen Möglichkeiten nutzen. Die Ideen und Ansätze von Werner sind interessant, sie verdienen eine Prüfung der Realisierung. Wann wollen wir damit beginnen? Jetzt!

P. V., Pleidelsheim

Weitere Zuschriften und Reaktionen

Eine blendende Idee – warum wird sie von der Politik ignoriert?

Sehr geehrter Herr Prof. Werner, Ihre Aktivitäten für ein bedingungsloses Grundeinkommen bewundere ich sehr und gratuliere Ihnen und Ihren Mitarbeitern ganz herzlich!

Ich traue mir da ein Urteil zu, weil ich schon im Herbst 1983 bei einer Bergtour auf die Schreckspitze westlich vom Achensee (Tirol) mit einem befreundeten Arzt über dieses Thema diskutiert habe. Vermutlich war damals – lange vor der Wende – Auslöser für derartige Überlegungen der Frust über die unsinnigsten Subventionen (z.B. Kohlebergbau), die mit der nötigen Bewahrung von Arbeitsplätzen gerechtfertigt wurden. Vielleicht war ich auch sensibilisiert durch meine Erfahrungen als Entwickler in der Datenverarbeitung, wo sich schon langsam tatsächlich die lange Jahre unberechtigte Hoffnung auf Rationalisierungserfolge zu erfüllen begann.

Mit meinen Vorstellungen bin ich damals allerdings an zwei Hauptproblemen gescheitert: 1. Wie könnte sich die prosperierende Bundesrepublik bei so einem Experiment vor den armen Nachbarn retten? 2. Wie könnte ein praktikabler, gerechter Übergang zu dem bedingungslosen Grundeinkommen aussehen?

Das erste Problem hat sich durch die politische und wirtschaftliche Entwicklung der letzten 20 Jahre sozusagen von selbst erledigt. Für das zweite Problem haben Sie einen genialen Ansatz, der mir damals nicht eingefallen ist: Anfangen mit kleinen Summen, also stetig und harmonisch umsteuern! Dafür zolle ich Ihnen uneingeschränkten, aufrichtigen Respekt!

Aber wie sieht die Wirklichkeit aus? Zeitung und Nachrichten sind voll mit den absurdesten, kleinlichen Vorschlägen, die Langzeitarbeitslosen zu kujonieren, es werden weiterhin die unsinnigsten Projekte mit dem Arbeitsplatzargument gefördert, von der allseits als nötig erachteten Senkung der Arbeitskosten wird zwar viel geredet, aber fast nichts unternommen! Warum findet da eine so vernünftige und nahe liegende Idee in der Politik keine Resonanz? Wie könnte man einflußreiche Politiker gewinnen, wie z.B. Frau Merkel, die als Physikerin eigentlich für rationale Argumente aufgeschlossen sein müsste?

Hochverehrter Herr Professor Werner, ich habe mich wirklich sehr gefreut, als ich zufällig von Ihren Aktivitäten erfahren habe, und hoffe nur, dass ich mit meinen mittlerweile 72 Jahren wenigstens noch den Anfang eines Übergangs zu vernünftigerem Wirtschaften erleben kann!

Dr. P. H., München

Grundeinkommen – eine gesellschaftliche Entscheidung

Sehr geehrter Herr Prof. Werner, die Schaffung einer unbedingten Grundsicherung scheint mir zuallererst eine normative gesellschaftliche Entscheidung, die keiner wirtschaftswissenschaftlichen Legitimation bedarf. Man wird hier ohnehin letztlich auf widerstreitende Bewertungen treffen. Es fällt nicht in die Kompetenz von Ökonomen, zu entscheiden, ob wir jedem Menschen für sein Mensch-Sein an sich eine Daseinssicherung zusprechen oder nicht. Erst wenn die Entscheidung für eine Daseinssicherung gefällt ist, erwächst der Ökonomie die Aufgabe, nach Wegen für eine möglichst optimale Umsetzung zu suchen. A priori-Argumenten, ein Grundeinkommen wäre nicht umsetzbar, kommt kaum Gewicht zu.

Grundlegendere Veränderungen tendieren dazu, vom Ist-Zustand aus nicht wenigen als utopisch zu erscheinen. Wenn aber erst die gesellschaftlich-normative Entscheidung für ein Grundeinkommen gefällt ist, wird ein Prozess der Umsetzbarkeit in Gang kommen. Je erfolgreicher sein Verlauf, umso weniger werden sich andere Staaten seinem Vorbildcharakter entziehen können.

Natürlich werden sich nicht einheitliche, sondern individuumsspezifische Auswirkungen ergeben. Der eine oder andere mag tatsächlich mit Lethargie und Unmotiviertheit reagieren, dies ist nicht auszuschließen. Dass dies der Regelfall sein wird, ist aber unwahrscheinlich. Entsprechende Vorhersagen übersehen die enorme Kraft der Befreiung von Angst, die jedem Einzelnen ganz neue Handlungs- und Veränderungspotenziale eröffnet, indem sie es ihm ermöglicht, ohne alles auf eine Karte setzen zu müssen, eingefahrene Wege und Tätigkeiten zu verlassen, anstatt – wie nicht wenige – aus Existenzangst in Stillstand und Unzufriedenheit zu verharren. Gesellschaftliche Konflikte werden fortbestehen, potenziell für den Einzelnen desaströse Konsequenzen würden aber so stark gemindert, dass man wohl tatsächlich von einer qualitativ andersartigen und auch besseren Gesellschaftsform sprechen könnte.

Sicherlich werden Dogmatismen von links und rechts (ebenso wie aus der Mitte), schwer zu überwinden sein. Grundsätzlich handelt es sich aber nach m.E. um ein Projekt, für welches sehr wohl ein breiter Konsens, traditionelle Links-rechts-Einordnungen überschreitend, denkbar ist. Eine Fokussierung auf ein gesellschaftliches Spektrum ist entsprechend nicht sinnvoll, sondern es müssen und können in den verschiedensten gesellschaftlichen Gruppierungen Ansprechpartner und Protagonisten für das Projekt einer Grundsicherung geworben werden. Es würde mich nicht wundern, wenn das Grundeinkommen schneller Realität würde, als wir es derzeit ahnen und hoffen.

G. F. G.

Die radikalste Form von Kapitalismus und Sozialismus

Zwei sich widerstrebende Seelen kämpfen in meiner Brust: die Idee der Freiheit und die Idee der Gerechtigkeit. Außerdem sollte man bei all dem auch die Effizienz eines Wirtschaftssystems nicht außer Acht lassen. Götz Werners Grundeinkommens-Modell hat mein sozialistisches Herz mit meinem neoliberalen Verstand versöhnt. (…)

Götz Werners Theorie stellt für mich zugleich die radikalste mögliche From des Sozialismus wie die des Kapitalismus dar. Es ist die radikalstmögliche Form des Sozialismus, weil wohl in keinem anderen Wirtschaftssystem eine so hohe Grundrente für *jedes Mitglied der Gesellschaft* unabhängig von dessen Leistung garantiert werden kann, getragen von dem ungehindert fortschreitenden Wertschöpfungsprozess mit der der kapitalistischen Produktionsweise innewohnenden Kraft der ständigen Rationalisierung und Innovation.

Es ist aber auch die radikalstmögliche Form des Kapitalismus, weil eine noch radikalere Form des Kapitalismus ohne Grundrente für jeden niemals durchsetzungsfähig wäre und weil auch der Kapitalismus Konsumenten benötigt, die durch die vom Kapitalismus verursachte Rationalisierung zu immer größerer Zahl arbeits- und somit ohne Bürgergeld auch mittellos sind.

S. D.

(Der gesamte, ungekürzte Text dieser Zuschrift ist abzurufen unter www.unternimm-die-zukunft.de/Ausgewaehlte_Texte/Die_radikalste_Form_des_Sozialismus_und_Kapitalismus.pdf.)

Zahlreiche weitere Zuschriften und Diskussionsbeiträge finden sich im Forum der Internetseiten www.unternimm-die-zukunft.de

LINKS UND LITERATUR

Grundlegende und weiterführende Websites zum Grundeinkommen

www.unternimm-die-zukunft.de
www.freiheitstattvollbeschaeftigung.de
www.archiv-grundeinkommen. de
www.netzwerk-grundeinkommen.de
www.initiative-grundeinkommen.ch
www.grundeinkommen2005.org
www.grundeinkommen.at
www.grundeinkommen.info
www.capabilityapproach.org
www.grundeinkommen.tv

Einführende Literatur zum Grundeinkommen

Kai Ehlers: *Grundeinkommen für alle. Sprungbrett in eine integrierte Gesellschaft*, Dornach, vorauss. Herbst 2006.

Manfred Füllsack: *Leben ohne zu arbeiten? Zur Sozialtheorie des Grundeinkommens*, Berlin 2002.

Adrienne Göhler: *Verflüssigungen. Wege und Umwege von Sozialstaat zur Kulturgesellschaft*, Frankfurt/M. 2006.

Michael Opielka, Georg Vobruba: *Das garantierte Grundeinkommen*, Frankfurt/M. 1996.

Yannick Vanderborght, Philippe van Parijs: *Ein Grundeinkommen für alle? Geschichte und Zukunft eines radikalen Vorschlags*, Frankfurt/M. 2005.

Georg Vobruba: *Entkoppelung von Arbeit und Einkommen. Das Grundeinkommen in der Arbeitsgesellschaft*, Wiesbaden 2006.